m o n a d s h i n s h o

モナド新書 002

部落差別の謎を解く

キヨメとケガレ

川元祥一

にんげん出版

m o n a d s h i n s h o

はじめに

今年（二〇〇九年）一月、アメリカ合衆国に、建国以来はじめて黒人の大統領が誕生した。長年、差別問題にかかわってきた私にも、黒人差別についての知識は多少なりともある。だから、合衆国大統領に黒人のオバマ氏が選出される可能性は非常に低いのではないか、と思っていた。先見の明がないといえばそのとおりなのだが、つい十三年前の一九九六年、その後ブッシュ・ジュニアの第一期政権の国務長官になるコリン・パウエル氏が、その肌の色の違いから「黒人が大統領になったら暗殺される」という妻と家族の反対によって、出馬を断念したことを知っていた私は、オバマ氏の果断な挑戦に感動した。一九六三年〝I have a dream〟とマーチン・ルーサー・キング牧師が演説を行ってから四十六年の歳月を経て、その〝夢〟の実現が一歩近づいたことに感慨を禁じえない。

そんな折、友人から教えられて、二〇〇九年一月一六日付『ニューヨークタイムズ』紙に次のような特集が、トップ記事として載っているのを知った。記事の主旨は「アメリカ合衆国は黒人大統領を誕生させたが、日本で被差別部落出身の総理大臣が誕生することは可能なのか」というものだ。この長文の記事には具体的なことが書かれている。それは私も知っている事実で、ずっと胸に引っかかっていた出来事だ。

それは『野中広務　差別と権力』[1]という本に書かれている。二〇〇一年三月、森内閣崩壊後の自民党総裁選に向けた裏話として、後継首相に期待された野中広務元官房長官を念頭に、当時の経済企画庁長官麻生太郎（〇九年八月現在総理大臣）が派閥の幹部会（大勇会）の席上で「あんな部落出身者を日本の総理にはできないわな」と、発言した。

こんな差別発言が許されるわけがないと、批判を書こうと思っていた私は、一方で部落解放同盟はこの発言にどう対応するのだろうか、と思っていた。それからだいぶ経った後、解放同盟の幹部に会う機会があったので「麻生の発言にはどう対応するの」と尋ねた。するとその幹部は「麻生がそんなことはいっていない、と語っている」ので、裏のとれない噂話に同盟としては手の打ちようがない、とのことであった。何が真実かわからない。この問題もあいまいになってしまうのか、とそんなことを考えていた。

この話は野中氏が政界から引退し、麻生の発言を追及する者もおらず、沙汰止みになっていた。ところが、『ニューヨークタイムズ』の記事は、「被差別民（被差別部落）についての話題は、いまだに日本で最大のタブーとされている」という観点から、先の麻生発言について、当時自民党の国会議員であり同じ派閥大勇会の幹部であり、その会に参加していた亀井久興（現・国民新党幹事長）の、麻生氏が確かに野中氏に対して、その種の差別発言をした、という言葉が載っている。これはその場にいた者の証言として信頼できるものだろう。

この記事で指摘されている「日本で最大のタブーとされている」部落問題の解決は、今でもわれわれ日本人が本気で考えなくてはならない重大な社会問題だ。

私はこの問題を当事者として長く考察・論及してきたが、日本では、「被差別者の問題」「部落民の悲しい問題」と他人事のように考えている人が多い。麻生発言に象徴されるような差別・排除の思想がなぜ社会一般に存在しているのか、日本人としてそれをみずからの課題、社会的問題と考える人が非常に少ない現状がある。『ニューヨークタイムズ』が衝《つ》く日本人のタブーとは、そこをさしている（〇九年六月に出版された野中広務さん、辛淑玉さんの共著『差別と日本人』[2]の中でも、野中さんは麻生の差別発言について強く抗議の意志を表わしている）。

本書は、こうした日本人のタブーを破るために、社会一般の差別体質を歴史から掘り返し、それを克服、変革する道筋をつかむために書いた。『ニューヨークタイムズ』との一致は偶然であるが、その指摘はむしろ日本の内部からこそなされるべき事柄であろう。記事は、部落問題をタブー視して触れようとしない日本のジャーナリズムの姿勢をも批判している。

部落差別に見られるタブーは、ケガレ意識や宗教、とくに密教的仏教や神道、つまり宗教的タブーが背景にあると早くからいわれてきた。一方で当然、江戸時代の封建的身分制度も関心の的になっていたが、これら宗教と政治の結合がどのようなものであったのか、詳細なことが解明できずにいた。私は本書においてそれらの結合の歴史を解明しようとした。ごくおおまかにいえば、そこには豊臣秀吉による対外侵略戦争のための民衆管理、戦争に「役立つ」順位づけの身分制度・戸籍制度があり、さらに徳川政権における、被侵略を防ぐ方策としての、鎖国とキリシタン弾圧による宗教的民衆管理・新たな戸籍制度と、「貴賤・浄穢」にもとづく身分的宗教的価値評価が現われる。

部落差別に見るタブーの内容はこのように複雑であるが、ここから逃げてはいけない。テレビのコメンテーターで癌《がん》と闘う鳥越俊太郎の言葉ではないが「逃げたら何でも怖い」のだ。

もう一つ、大切なことを指摘したい。最近話題になった本『太郎が恋をする頃までには…』(3)だ。

部落出身の猿回し芸人・海地ハジメと、東京のテレビ局でレギュラー番組のキャスターを経て今は新聞記者をする五十嵐今日子の恋愛物語である。ハジメの出身は早くからわかっており、生活とか性格に共通点のない二人がどのように恋に陥り、結婚にいたるか、その間の心理的葛藤、社会や観念の壁をこえる姿はよく書けている。

しかし二人が結婚し、親に報告する場面で、今日子の母親がハジメの部落出身を理由に結婚に反対する。親子の縁を絶つともいう。このとき今日子は「差別は人の本性」「理屈ではどうしょうもない」という諦念《ていねん》を示すだけで、本格的な追及も抗議もしない。部落問題の長い歴史の中で、もっと違った発想や思想、実践があったし、今日子自身、社会や観念の壁をこえて結婚した。こうした前半の葛藤を無視して「差別は人の本性」というのではあまりに安っぽいし、諦念の定型にはまって物語は破綻する。

結婚して五カ月後、二人は離婚する。直接的理由は、今日子の母親が脳卒中で倒れたからだ。倒れた原因は今日子の結婚にある。五十嵐家の親戚からも今日子の結婚に反対があり母親が苦悩した。だから母親を救うために離婚する。この考えをハジメの方から切り出す。実はハジメも今日子と同じ「諦念」を持っている。二人の間で苦悩っぽい会話があるが、問題の本質が描かれていないので言葉は実を結ばない。そのまま物語が終わる。

ここで問題の本質といったのは、部落民との結婚に反対する母親の価値観であり差別観だ。

母親を救うには、二人の結婚に反対する母親の深層心理、なぜ部落民が嫌なのか、そうした価値観を持つにいたる母親の体験、あるいは記憶をたどり、話し合うことだった。一緒に暮らす父親は反対しなかったのだ。今日子自身も、ハジメとの壁をこえてきた。そうした展開が前半にあるのに「差別は人間の本性」で終わるのは非常に残念だ。生き生きしていた今日子を「諦念」がいきなり縛り、彼女の自由を奪っている。

ここでは作者の姿勢が問われなくてはならない。作者がこの諦念を信条としているからこうした定型化が生まれる。もしそうでなかったら、もっと違った可能性が生まれたはずだ。「差別は人間の本性」という諦念は、思考停止もはなはだしい。

とはいえ、私の経験では、こうした諦念を持つ知識人がこの国には意外と多い。最近よくこういう人に出会う。そうした発想の主要な発生源もわかっている。今村仁司の『排除の構造』[4]がその一つだ。

そこでは、カオスを排除するのは人間の本性であって、排除と差別は「個々の人間の精神のなかにまで食い入っている」という。『部落解放』[5]において彼は「人間は他人に直面すると、自分の尊厳価値を他人に承認してもらいたいという欲望をもち、同時に他人の価値を否定する」とし、それが「人間の本性」だから差別はなくならない、ともいう。

この論理自体が薄っぺらで「尊厳を認めてもらいたいその他人を否定する」とする自己矛盾を持つが、日本の部落差別を前にすると、この論理は破綻してしまう。今村は、世界でもめずらしい部落差別の個別性や特性を考えるのではなく、「差別」という言葉だけで部落問題を抽象的に論じている。というのは、今村は一方でこの排除と差別は「誰もが標的になる」[6]とするからだ。部落差別は「誰も」ではなく特定の者に起こっている。しかも世襲で続く。なぜそうなのか、そうした疑問からはじめなくてはならないだろう。

そこには、社会的イデオロギー、システムとしての身分制度や宗教的価値観を導入しないと理解できないものがある。つまり今村とは異なった視点での追及が必要なのだ。また人間は、カオスを排除し逃げるだけでなく、それに挑戦して医療など科学や哲学、宗教や芸術を生んできた。私はそのことを『部落差別を克服する思想』[7]で指摘し、今村やそのコピー論者を批判してきた。くわしいことはそちらを参考にしてもらいたいが、ここで今村がいうカオスの排除をタブーに置き換えることができる。そうすると今村の論理が何も解決していないのがわかる。

差別を「人間の本性」とする諦念は、差別の現状、タブーを避ける姿勢を追認するだけで、タブーに挑戦、克服するのを止めた姿勢そのものなのだ。

『ニューヨークタイムズ』の指摘は、そうした日本人の姿勢を批判している。何事も逃げてはならない。本書はそのタブーに挑戦、解明し打破していくことを考えている。

註1 『野中広務　差別と権力』魚住昭、講談社、二〇〇四年
註2 『差別と日本人』野中広務・辛淑玉、角川書店、二〇〇九年
註3 『太郎が恋をする頃までには…』栗原美和子、幻冬舎、二〇〇八年
註4 『排除の構造』今村仁司、ちくま学芸文庫、一九九二年
註5 『部落解放』一九九八年三月号　解放出版社
註6 註3『排除の構造』
註7 『部落差別を克服する思想』川元祥一、解放出版社、二〇〇一年

部落差別の謎を解く
ケガレとキヨメ

目次

はじめに

第二章　部落差別とは何か――忌穢・触穢、職業、身分の一体化

Ⅱ　江戸時代に根固めされた身分制度

Ⅲ　ケガレとキヨメ

【本書の概説】

新しいイメージで描きなおす部落の生活文化地図

今日まで、部落問題をめぐってさまざまな議論がなされ、研究がされてきました。しかしながら、部落の人々とその生活を含めた全体像は、いまだ描けていないように思います。解放運動の中では、被差別体験や歴史、生活環境の低位なことなどがおもに指摘されてきました。反対に、差別には触れないようにして「融和」をはかろうとする試みも多くありました。どちらの場合もごく普通の生活、いわば生活者としての部落の姿がほとんど語られていない、という点では同じです。

そうした傾向を脱して、すべての人が、この問題を自分の頭で考え、答えを求めるにはどうすればよいのか。それをずっと私は考え続けてきましたが、この数年でようやく整理できたように思っています。一言でいえば、被差別部落のごく普通の生活を、その歴史も含めて描き、被差別という側面からだけではなく、一般社会とさまざまな関係性や交流があったことを認識することです。それを私は「生活文化地図」と呼びたい。

私がいいたいのは、部落問題をごく普通の生活、おもに生きるために行ってきた仕事という観点から見てもらいたい、そしてそれを歴史的な原点として、さまざまな事柄を考えてもらいたい、ということです。その意味から、本論をはじめる前に、以下の概説をおくことにしました。

○生活のつながり——共有文化の再発見

「差別はいけない」「差別をなくさなくてはならない」と、多くの人はいいます。でも、差別を克服するためには差別だけを見ていてはいけません。今、「同和」地区と呼ばれる部落は、差別されていただけではなく、江戸時代から地域社会で大切な仕事をし、人々を支える文化をつくっていました。すべての人と生活のつながりもありました。

こうした仕事や文化が見えなくなったのは、身分制度がなくなった明治維新以降です。一八七一年の賤民解放令によって江戸時代の仕事がなくなったことがおもな理由です。また、人々の生活を支えてきた被差別者の仕事や文化の意義を理解する人が少なかったのも大きな原因です。

とはいえ、今からでも当時の被差別者の仕事、そこから生まれた文化を知り、それらが今も私たちの生活を支えている事実を理解することで、私たち一人ひとりが部落への認識をあらため、生活実感として偏見や差別を克服するきっかけをつかむことができると確信しています。

○共有する文化の代表—祭り太鼓

ドンドンドン

　　ドンカラ　ドンカラ

　　　　ドンドンドン

太鼓の音は胸に染みます。祭り太鼓はワクワクします。私たちの周りで何か行事や儀式があるとき、太鼓が使われます。

町内からくり出す「だんじり」も太鼓と笛がつきものです。全国の盆踊りでは、やぐらの太鼓を取り巻いて夜を徹して踊ります。

私たちの生活を潤すこのような太鼓を誰がつくったのか、どこでつくったのか、考えたことがありますか？　太鼓は江戸時代から被差別部落でつくられていました。精巧な技術を必要とするため、現在でもほとんど部落でつくられています。つまり今でも、祭りなどで欠かせない重要な文化を部落がつくり、支えているわけです。日本の伝統芸能である歌舞伎や能楽、文楽などでも鼓《つつみ》と三味線が欠かせません。

○農村や町の生活を支えた仕事

それでは、江戸時代の部落の仕事がどんなものだったか、おもなものを見てみましょう。当時は「御用」などと呼ばれ、公務的でした。今の警察と同じ警備役や犯人逮捕。皮革関連業。祭りの先導。神社、寺、町の掃除などです。これらの「公務」には日当などの手あてがありました。

こうした仕事から今も私たちが共有する文化が生まれてきたのです。皮革関連業はとくに多くの文化を生みました。先にあげた太鼓のほかに、馬具や防寒具、履物など。骨は櫛や傘の柄に。毛は筆。生皮を煮詰めて「膠《にかわ》」をつくります。膠は今も日本の伝統工芸を支えています。皮革関連業はまた、靴やカバン、ジャケット、ベルト、そして、野球のグラブなどの原点です。さまざまな皮革製品が私たちの身近な生活や文化を支えているのがわかります。

江戸時代に農山漁村・町の警備や掃除によって、人々の生活が潤い安全が守られたことはいうまでもありません。今、学校などに備えられている「さすまた」は、江戸時代の被差別者の家に常備され、犯人逮捕のときに使われたのです。

ちなみに、こうした警備役は、明治時代になって旧下級武士や町人に取って代わられ、被差別者は外されて失業状態となり、経済的破綻をきたしたのです。兵庫県の三原というところでは、一八七一年（明治四）八月の身分解放令の直後、「盗賊を捕まえたら地域の代表者にまかせなさい」とわざわざ指示した文書があります。それまでは部落の人が捕まえ、役人が来るまであずかっていたのに、その仕事がなくなったことを意味するものです。

まだまだ大切な文化がありました。「近代医学の父」と言われる杉田玄白がオランダの人体解剖書を『解体新書』に翻訳したことはよく知られています。ただし、杉田たち日本の医者はオランダ語がほとんどわかりませんでしたし、解剖技術も持っていなかったのです。当時解剖技術を持ち、実際に人体解剖してオランダの解剖書の正しさを杉田たちに教えたのは被差別者だったのです。杉田自身が『蘭学事始』にそれを書き残しています。

○こうした仕事がなぜ差別されたのか？

さて、被差別部落の人々は、社会的に大切な仕事をしていながら、なぜ差別されたのでしょうか。理由は被差別者が行った仕事に対する偏見があったからです。その偏見を徳川幕府が政治制度として法制化し、社会的分断に利用したといえるでしょう。

偏見や差別を説明するとき、難しい解説が行われがちです。が、ここでは人がよく知っている例をあげます。祭りのときはどこでも神主さんが祝詞《のりと》を唱えます。そして多くの場合、最後に「罪、ケガレを祓え清め給え」といいます。ごく大雑把にいいますと、「罪」は社会的規範に反すること。「ケガレ」はおもに人や動物の怪我や病気、死など。両方あわせて人や動物の不幸といえるでしょう。こうした不幸が起こらないよう清く元気でいたい。そうした願いが唱えられます。

でも残念なことに、生きとし生けるものすべて病気をし、死を迎えます。犯罪も絶えません。神主さんの唱えに反して、こうした不幸が具体的に起こったとき、誰が対応するのでしょうか。病気の場合はお医者さんや家族が対応しますが、犯罪や動物の死は部落の人々が公務として対応したのです。

そして、これも非常に残念なことですが、この国の古い風習に、こうした不幸に触れるとその人も不幸になるという迷信がありました。わかりやすい例では「流し雛」です。自分の不幸を雛にこすりつけて水に流すと、不幸が去るというものです。これは、不幸が雛に移って水に流される、という迷信からきています。

具体的な不幸に対応する仕事をした部落の人を遠ざける差別は、これと同じ迷信がもとで発生したといえます。でも少し考えれば、雛になすりつけても不幸や病気が治らないのは誰にでもわかります。これと同じように、部落差別もまた、古い迷信にこだわっているだけなのです。こんな迷信にこだわるより、社会の具体的不幸に具体的に対応しながら創造した被差別者の文化が、多くの人々の生活を支え、なおかつ今も共有されていること、過去・現在をとおして、人間と人間が、人間と動物が、木や草や小石が、すべて見えない糸でつながっている現実を認識したとき、これまで何の気なしに見ていた道具、当たり前のように行っていた生活習慣から、まったく新たな世界が立ち現われてくるはずです。

○二一世紀へ、再生(リサイクル)文化の発信を

もう一度太鼓を考えてみましょう。太鼓に張られている皮は牛の皮です。江戸時代、牛は農家で重宝されていました。その牛が病気などで死に、働けなくなると「斃牛《へいぎゅう》」として捨て、部落に渡り、解体されます。そしてそこで、先に見たさまざまな皮革文化が生み出されてきました。しかし、このとき、先の迷信によって、部落の人々は差別を受けることになったわ

けです。牛の死に触れたから、その人もケガレたとする発想です。しかし、現代に生きる私たちは、もっと違った新しい知識を持っています。しかも、牛や馬だけではなく、生活の中で不要になった物を捨てるという文化はとっくの昔に終わっています。環境問題や資源問題を考えるとすぐわかります。不要なものを捨てるのではなく、再生（リサイクル）する文化の創造が二十一世紀人類の最大の課題でもあります。

こうしたとき、私たちは地域の歴史をどのように考えたらよいのでしょうか。これ以上いわなくてもいいかもしれません。農家で不要になった牛を生活の中で具体的に再生し、さまざまな文化財として人々の生活に還元し、生活を豊かにしてきたのが部落の文化なのです。この文化こそが、二十一世紀の世界に向けて発信できる再生文化の原点だと思っています。

I

部落は「社会外の社会」ではなかった

第一章　なぜそこに部落があるのか

一　見えなくなった部落の仕事

これまで部落問題はもっぱら、被差別、つまり「差別される」という側面に関心が向けられていました。しかし、**江戸時代の部落は、差別されるために全国に配置されたのではありません。何よりもまず仕事・職業があり、そのためにそこで生活していた**のです。このことにあまり注意が払われていなかったように思います。

そうした仕事のおもなものをざっと掲げておきましょう。水番・山番・牢番・街道守・警備・斃牛馬《へいぎゅうば》処理・皮革生産・神社仏閣、城などのキヨメの仕事です。

全国の部落はこの仕事をするために存在していました。

すべての部落は漠然とそこにあったのではなくて、そこに在る意味をはっきり持っていたわけです。在る意味とは、社会的役割です。それらは江戸時代には「御用」とか「役目」と呼ばれ、現代的には「公務」ともいわれるものでした。その仕事は、広い意味での地域社会における分業としてあり、しかも労働に伴う「給付」、あるいは生活を続けるための「権利」が付与されていたのです。

たとえば、農村共同体のそばに部落がある場合が多く見られますが、山番・水番などの仕事を担った部落は、その農村の生活に必要だったからこそ、そこに位置していたのです。農村共同体の中には鍛冶屋や桶屋、研屋職人もいました。そうした仕事と同じように、山番・水番もあったのです。水番はおもに用水路の管理・保全、つまり水系全体を見回る仕事です。山番は山林の盗伐を防いだり、イノシシやサルに畑や作物を食い荒らされないよう、番小屋を立てて村を守りました。それは都市でも同じです。城下町には皮細工の人々が住み、神社のそばには祭礼を行う部落の人々がいました。例をあげればきりがないほど、町や村と部落が互いに助けあって地域社会の生活が営まれていたわけです。

よく、江戸時代の部落は「社会外の社会であった」といわれることがあります。しかしそうではなく、**江戸時代の社会は穢多・非人身分を内部に含んで構成されており、部落は、決して「社会外の社会」として周囲の社会と断ち切られた存在ではなかった**のです。

部落問題とは何か、を考えるときに忘れてもらいたくないのは、この視点です。ところが、部落の外側から、差別の現象だけを見て「社会外の社会」というふうにとらえる歴史が長く続いたわけです。

本章のテーマは、これまでに解明されていない部落問題、すなわち江戸時代の穢多・非人身分の社会的存在意義を明らかにしていくことです。それによってはじめて日本社会の全体像をつかむことができる、と私は考えているからです。それは同時に、部落差別が今日まで続いてきたのはなぜか、を解く重要な鍵となるはずです。

弾左衛門が書上げた「役目」

いま、江戸時代の被差別部落の仕事は公務だったと述べました。それが典型的に示されているのは、江戸の穢多頭・**弾左衛門**が幕府と契約するかたちで提出した「御役目相勤候覚」（一七二五年〈享保十〉）です。弾左衛門は、町奉行の支配の下に、江戸と関八州の「長吏」「非人」「猿飼い」などの頭として君臨していました。その弾左衛門が書上げた「役目」は十一項目にわたっていますが、おもなものは次のようになります。（カッコ内は筆者の意訳）

一、御陣太鼓、御用次第張上候（太鼓は御用しだいつくります）

一、皮類御用の節も、何にても差上相勤申上候（皮革なども、どんな物でも差しあげます）
一、御尋もの御用、在邊に不限被仰付次第相勤申候（犯罪者も、どこまでも追いかけます）
一、御仕置物御役一件相勤申候（刑場の仕事も勤めます）

弾左衛門が書上げたこれらの役目を、中尾健次は「①皮革生産②下級警察業務③仕置・断罪御用など」の三つにうまくまとめています。[1] こうした仕事は「役」「御用」などとして全国的に見られました。

たとえば、大阪には**「役人村」**（渡辺村。現在の大阪市西成区・浪速区にまたがって位置した）と呼ばれた部落がありました。「摂津《せっつ》役人村文書」という古文書には、渡辺村に住む穢多身分の人々が「処刑問題・溺死人・無法者問題」を扱う、いわば行刑役や下級警察業務に携わっていたことが書かれています。こうした役目が公務にあたるのは、渡辺村が役人村と呼ばれていたことからもわかります。

渡辺村では太鼓づくりなど皮革産業が盛んだったのですが、『新修部落問題事典』[2]では、「慶長年間（一五九六～一六一五）に〈行刑役〉を命ぜられ、その見返りとして〈和漢革問屋〉の免許を与えられた」とあります。和漢革問屋とは皮革問屋のことで、**公務としての行刑役**

に対する代償として皮革生産をする権利が与えられていたのです。

私は、江戸時代の穢多・非人身分のこうした仕事を職業的カテゴリーとして「キヨメ役」と呼んでいます。これら**公務としての仕事のすべてがケガレをキヨメる仕事**だからです。つまり、罪穢や死穢といわれたケガレを日常性に戻す、つまり再生・リサイクルしたわけです。本書では、**職業的カテゴリーとしてのキヨメ役**という呼び方を使っていきますが、ここは部落問題を理解するうえでもっとも重要な点なので、しっかり頭に入れてほしいと思います。

もう一つ、押さえておいてもらいたいポイントがあります。キヨメ役という職掌は、身分名ではありません。農民や漁民、商人、職人と同じ職業的カテゴリーであって、キヨメ役を職業とした人々の身分をしめすことばとして穢多・非人と明記します。ちなみに農民や漁民、商人の身分制度による呼称は「平人」になります。

注：なお、本書ではこの後、歴史的なキヨメ役の村、現代の「同和」地区・被差別部落といわれる共同体を単に部落と記す。農山漁村町はそれぞれ農村・山村・漁村・町などと呼ぶ。並列した共同体としては村または集落という。要するに、本文における〝部落〟は被差別部落以外を意味しない。

二　差別をつくったのは権力か、民衆か

さて、こうした部落の仕事の社会的関係、あるいは身分序列や差別が、どのようにできてきたかをめぐって、学問的には大きく三つの見方に分かれて論争が続いてきました。

まず、古典的な形成史論を紹介しますと、江戸幕府の政治権力によって「士農工商穢多・非人」という身分序列がつくられたという見方です。しかし、それにはあいまいなところがあります。一つは江戸時代における身分序列がどの年代にできたかということがはっきりしません。そのために「穢多」ということばが社会的に使われはじめた時期を遡るのですが、それが戦国末期であることがわかりました。つまり、戦国時代に登場する軍需品としての皮革生産を行う「かわた」(皮多・革田など)が、そのまま江戸時代には「穢多」と呼ばれていることから、江戸時代形成説が弱まっていきます。しかし、部落解放運動の中では、江戸時代の政治権力が民衆の不満をそらし分断支配するために部落をつくったという、いわゆる「政治起源説」と呼ばれる考え方が根強く残っていました。

次に登場したのは、中世発生説です。一四〇〇年から一五〇〇年代にかけての部落の史料

はたくさんあります。しかし、それも諸説さまざまで、年代を特定するのは難しい。

そしてもう一つは、社会発生説です。地域社会の分業であり、民衆が生んだ差別である、とする見方です。しかし、江戸時代の地域社会が自治的共同体として藩や幕府の支配から独立していたことはありません。農村共同体が部落と直接契約して、水番や山番、警備役を依頼したということもほとんどありません。後で触れますが、部落は別の支配命令系統によって公務を命じられ、仕事をしていたからです。

確かに、江戸時代末期になって、農村の経済的自立が高まり、農村が独自に水番や警備役を招致する例はありましたが[3]、基本的には戦国大名や幕藩大名が移封のとき「かわた」を同行して城下に定住させた例、またそのとき「かわた」の側に「分村」や「移動」が起こっている例を見ると、藩をこえたキヨメ役（「かわた」）の移動も、何らかの権力の介在が前提にあると考えなければなりません。

とはいえ、なぜそうした権力の政治的支配が可能だったのでしょうか。その基層にある見えない関係性を解かなくてはなりません。「権力が差別をつくった」といっても、それで部落問題を解いたことにはならないのです。権力の支配だけに目が行ってしまうと、肥大化し横暴にふるまう権力に対し、農民やキヨメ役などが悲惨な生活を強いられながら抵抗せずにいたかのように映ってしまいますが、歴史はそれほど単純なものではありません。

　ここで少し、部落問題を歴史的にふりかえってみることにしましょう。

　部落問題は、日本史の中では賤民制度の問題です。賤民制度で一番わかりやすいのは、奈良時代を最盛期とする律令制度です。中国の制度を模倣したもので、すべての人々が「貴・平・賤」に分けられました。そのとき制定された賤民階層が「五色の賤」（陵戸・官戸・公奴婢・家人・私奴婢）です。ただ、この律令制自体が中国から輸入されたといっても、もとの中国の律令思想がそのままあてはめられたわけではありません。

　それが平安末期の一〇世紀頃になると、律令制の解体とともにそうした古代賤民制も崩れていきます。結局、それは延喜年間（九〇一～九二三年）の奴婢廃止令とともに制度としては終わるわけです。その後、鎌倉時代から戦国時代にかけての時期に、大きな変化が起こります。古代には、土地に定着して租税をきちんと納める農民が「公民」とか「平民」と呼ばれていましたが、中世社会は、農業以外の手工業や商業が爆発的に増えた時代です。荘園制に縛られていた人々が律令制の瓦解とともに分散し、さまざまなかたちで行動をとりはじめたのです。それに対して支配する側は、これらの人々を「賤業者」と呼んできました。

　けれど、よく考えてみれば、生産力の増大とともに交通網も発達し、さまざまな職業が発生して、分業が起きてくるのは当たり前のことです。その頃にケガレのキヨメを専門に扱う人々の存在も史料に現われてきます。先に私が紹介した中世発生説は、このような民衆の動きを手がかりにしています。

その意味で、私もまた、中世社会に今の被差別部落の原型がある（近世の穢多・非人身分の母体が生まれた）と考えているのですが、しかし、さきほど紹介した社会起源説では、「皮革生産」「下級警察機構」「仕置・断罪御用」などの役目＝職業者の設定や、移動、分村が行われたことの説明がつきません。部落の形成について、今この段階でいえるのは、そこに政治権力の介在はあった。しかし、その権力が依拠する社会構造、たとえばもろもろの共同体の特質などを分析しなければ、その内実を明らかにしたことにならないということです。

三　日本の封建制とは

では、そうした権力による介在と共同体の特質はどのような関係にあったのでしょうか。江戸幕府は、キヨメ役だけではなく、農村、漁村や町、そして多くは藩をも拘束していたわけで、そこに、この国の支配のありようが表われています。

日本の中世・近世は封建社会といわれます。しかし、ヨーロッパの封建領主と日本の江戸時代の藩大名を比べると、その性格は大きく異なっていました。ヨーロッパの封建制では、王は封建領主に封土を与え、その封建領主は王に忠誠を誓います。しかし、その領主から土地を与えられる騎士は、領主に忠誠を誓っても、王に誓うわけではありません。そこでは領主が土地を保有し、土地だけでなく農民（農奴）をも保有していたわけです。したがってヨーロッパの封建領主の土地保有は、この土地にある共同体を構成する人々を支配することでもありました。

ところが、日本においては古代では土地も山河も人間もすべて国家に帰属していました。**律令制の公地公民制が**その典型です。公田を徴税の基礎として租税負担を公民に負わせたものです。さらに中世になっても、自立したと思われた藩大名が秀吉による全国的検地をかんたんに許してしまいます。近世、幕藩体制においては、家康による大名の移封に伴い、キヨメ役も藩をこえて移動したのです。ここにも国家が優位に立つ支配の構造が見えます。これがこの国の国家と社会のあり方の基本をなしていたといえるでしょう。

さて、こうした日本社会の歴史的性質は、マルクスが「アジア的生産様式」（以下「アジア的専制」）と表わした、古代アジア特有の専制国家による農業共同体支配、あるいは諸共同体支配として、論じられてきました。もちろん、この語にはさまざまな解釈があり、異論反論も多いのですが、それを土地との関係で見るなら、日本において、米作の生産手段である土地は農民個々人のものではなく、家父長制家族を単位とした共同体所有であり、さらに、この共同体を上位の共同体（藩や国家）がつねに優位に立って支配するということです。

たとえば、一つの農村共同体は家制度を軸にした何組かの家族が集まって土地を占有し、これを基盤にして成り立っていますが、次男三男、女性に家督権がなかったことや、農民が逃散[4]したとき、その共同体に責任が課せられるという事例などです。

部落のキヨメ役の仕事をめぐる関係性にも同じ構造が貫かれています。

部落の仕事は、皮革生産、下級警察業務、仕置・断罪御用、水番、山番、祭礼の先導役などでした。それらは御用、役目などと呼ばれ、公的であるのが特徴です。そしてこの御用の労働を継続・再生産するために、公的でないほかの生業「灯心づくり」などが、その見返りに独占的に認可されました。現代の労働賃金に相当するものといえるでしょう。しかも、キヨメ役の雇用者は個人ではありません。これらの仕事の契約や認可は、町や村落、または藩や幕府など上位の共同体との間に成り立つもので、仕事を引き受けるのも部落の中の一個人ではありません。たとえば史料に、頭目の名が一名載っているだけであっても、その背後には身分的集団や共同体があるのが基本です。

すなわち、**キヨメ役を雇う側も雇われる側も、あるいはキヨメ役を招致する側もされる側も、〈個人的〉な雇用関係（招致あるいは隷属）ではなく、それらすべてが〈共同体的〉に成り立っている**わけですが、そうした部落の仕事をめぐる人々の姿や関係性がどのようなものであったかを具体的に見る前に、世界史の例を引いておきましょう。

四　共同体労働として—マルクスの指摘

カール・マルクスは『資本論』の中で、資本主義的生産様式によって産業社会となったイギリスなどに較べて、インドでの分業が遅れている理由を、共同体的規制によるものとし、インドにおいては、そうした分業も共同体的に現われていると指摘しました。マルクスはこれを「共同体労働」と表わしたのですが、それが日本をはじめ広く議論されたアジア的専制の一つの典型でした。『資本論』からその部分を引用しますが、文中①②などの符号は私の都合でつけています。

共同体は土地を共同で耕作して土地の生産物を成員の間に分配し、他方、各家庭は、紡いだり織ったりすることを家庭的副業としている。これらの仕事をしている民衆のほかに、次のようなものが見だされる。裁判官と警察官と徴税官とを兼ねている〈人民の長〉。農耕について計算し、それに関係のあるいっさいのことを記録する記帳人。①犯罪者を追及し、外来の旅行者を保護して一村から他村に案内する第三の役人。②近隣の共同体に対して自分の共同体の境界を見張る境界管理人。③農耕のため共同貯水池から水を分配する水の監視人。④宗教的行事の諸機能を行うバラモン（僧侶・祭司階級）。（中略）この一ダースほどの人々は⑤共同体全体の費用で養われる。⑥人口が増加すれば、新しい共同体が元のものを模範として未耕地に設けられる。この共同体機構は計画的分業であるが、マニファクチャア的分業は不可能である

ここでいわれる「共同体機構」をマルクスは「共同体労働」と呼び、さらに次のように書いています。

共同体労働の分割を規制する法則は（中略）鍛冶師などのようにそれぞれの特殊な手工

業者は、伝統的な仕方に従って、しかし独立的に、⑦自分の作業場ではどんな権威も認めることなしに、自分の専門に属するあらゆる作業を行うのである(5)

インドと日本の共同体労働の類似

マルクスが分析したこの部分にこそ、部落問題に見る歴史的仕事、すなわち公務としての職業のおもな性格が現われています。①②は追捕や見回りなど下級警察業務。③は水番。④バラモンはインドのカーストの最高位で日本では神職にあたりますが、職業としてみれば神事・神輿の「先導」などになります。⑤は本章でいう労働形態であり、雇用側は個人ではなく共同体（村落、または幕府や藩など上位の共同体）であること。⑥は雇用側の人口または政治の都合で分村する部落と同じであること。⑦もまたキヨメ役（穢多・非人身分）が自治的共同体を形成していたのと同じです。

つまり、江戸時代のキヨメ役すなわち穢多・非人身分の労働とは、マルクスが世界史的にとらえたところの共同体労働に合致すると考えられます。ただしかし、私はカール・マルクスの社会分析・歴史分析から多くを学びながらも、マルクスの発展史観を批判的に見直したいと考えています。

マルクスは近代的生産関係や所有、分業が発展しなかった典型としてアジア的専制を見、「アジア的停滞」という言葉でそれを表わしました。それはある意味で的確であり、ある意味では限界を持ちます。それは、自然破壊が地球規模で進み、自然と人の共生がさしせまった課題となった現代、東洋の自然観と、その哲学が期待されるようになったことで、よりはっきりと認識できるはずです。アジア的な共生は、マルクスがいうアジア的専制と何らかの関係、共通性を暗示していると考えられます。この暗示の部分を、マルクスのアジア的停滞観、あるいは発展史観を、批判しながら分析する必要があると思います。とはいえ、私にとってマルクスの社会分析、とりわけ資本の分析は今も大きな手がかりであり、道しるべであることに変わりありません。

〈追記〉　公務と共同体労働について

一九八五年に刊行した拙書『被差別部落の構造と形成』では、本書で「公務」と呼んだキヨメ役の職業的特性を「公役」といった。部落の歴史的職業は、幕府や藩が農民や町民などに租税的な役務・労務として強制する「役」と同じ性質と考えていた私は、江戸時代の穢多・非人の職業的特性に「役」をつけ、そのうえで農民や町民との違いを公的仕事としてそれを「公役」と表わした。

しかし、ここまで見てきて気づいている読者は多いと思うが、キヨメ役は農民や町人などと同じアジア的専制としての国家的支配に拘束されている。日本的事例でいえば律令制の公地公民制を断ち切れない状態と、天皇制を残したまま明治維新を迎えていることにある。こうした日本的状況を羽仁五郎は、明治維新後の王政復古や、江戸時代に個人を否定した「五人組」の存在などを指摘して、日本の封建社会を「封建的専制」としている（『明治維新史研究』）。私もこの理解が的確と考える。このような専制政治に拘束されながらも、キヨメ役はある意味、独自の組織形態と専業形態を持ち、独自の経済活動も行ってきた。その意味で、その存在を租税的「役」に集約するのは難しいと考え、本書では部落の歴史的労働の特性を「公務」とした。

アジア的専制では日本の農民は土地を私有しているのでなく「占有」しているという考えだが、それでも先祖から私的に譲られた土地を個人的に利用できるし、町人の中の商人は自分で蓄積した資本で資材を仕入・購入して商業を行う。キヨメ役も大都市では皮革製品などの生産・販売によって商業・貿易を行う例がある。しかし、次章で見るように、共同体を代表する「頭」「長」を除く多くの人は、基本的に生産手段や蓄積した資本を持たなかった。その労働＝「公務」を行うことによって居住地などの土地と労働の代償が、上位の共同体、又は町・村落共同体から給付された。

また前書の執筆当時は、農山漁村、町の商業、手工業とならんだ部落の職業的カテゴリーとしてのキヨメ役に気づいていなかった。このカテゴリーを確立することで「公務」がよりふさわしい言葉と考えるようになった。

もう一つ、前書で部落の労働形態を「共同体隷役」と呼んできた。これも「公役」を「公務」と呼ぶのと同じ意味で、そしてまたマルクスの指摘が正しいと思うがゆえに「共同体労働」にした。

アジア的専制や『資本論』は若い頃勉強したのであるが、最近になってもう一度見直してみようと思うことがあった。『資本論』はとくに中途半端にしか勉強していなかったので、勉強しなおす機会をつくろうと思ったまま本棚に放置していたのを今さら悔む。F・テーケイの『アジア的生産様式』で「共同体労働」という概念に気づき、あわてて本棚から『資本論』を取り出した。しかし私が持っている改造社版にはその言葉がない。翻訳の問題ではないか。私の本が古いのだろう。そう思い図書館で大月書店版「マルクス・エンゲルス全集」（一九五九〜一九九一年）を借りてきたのである。この「共同体労働」という言葉・

概念がもっとも的確と考える。

五　公務その(1)――斃牛馬処理

さて、江戸時代の穢多・非人身分の仕事を公務として、また共同体労働としてとらえたとき、穢多・非人身分を内部に含んで、江戸社会全体が成り立っていることが、はっきり見えてきます。ではここから、公務としてのキヨメ役と、それへの代償として与えられた給付・特権について、まず最初に斃牛馬処理を例に見ていきましょう。

全国的に見ると、多くの部落では皮革生産が御用であって、生産した皮革を上納しなければなりません。その労働を継続し生活するために土地や特権が与えられています。それに対して興味深いのは、大阪渡辺村の役人村では、皮革生産が下級警察業務・行刑役の労働代償であったことです。次の史料を見てください。

徳川氏ノ始メ（略）道頓堀幸町裏側ニ所替ヲ命セラル此後断罪等ノ御用ヲ命セラル
同年中当村数戸ノ者ヘ革問屋ヲ許サル(6)

渡辺村は全国各地の皮革を仕入れて売買し、商業的に発展していました。渡辺村の商人が長崎に出向いて中国から輸入皮を仕入れていたこともわかっています。

一方、江戸の弾左衛門の場合は、皮革生産と下級警察業務・行刑役が御用、役目であり、その見返りとして幕府から「灯心づくり」(行灯をともす芯づくり)が認可されていました。(7) 弾左衛門はそれを特権化していたのですが、明治時代になって政治体制が一新し、特権の根拠が揺らぎはじめます。そこで弾左衛門は、この特権を維持しようと東京府に上訴しました。一八六九年(明治二)のことです。

灯心は藺草《いぐさ》からつくりますが、その藺草は江戸時代から今の千葉県の農民がつくっていました。東京府は弾左衛門の上訴について農民(当時・葛飾県)に問い合わせたところ、現地の農民から次のような回答が寄せられています。

其村々ヨリ作リ出候灯心藺売(穀)之儀者、非人取締弾内記(明治初期の穢多頭/筆者)

一手之家業ニ前々ヨリ被下置候儀ニテ、御一新以来茂如従前被下置…(8)

こうした特権の前提には戦国大名の「かわた」との関係があります。戦国大名は軍事に必要な武具の生産のために皮革業者を掌握しました。職能集団としての「かわた」を引き連れ、城下町などに配置しました。先にも述べたように、「かわた」は、「穢多」身分の前身とされています。領主はそのために年貢を免除したりしました。よく知られているのは、駿河の国の戦国大名今川氏親が「革作」に、皮革を上納する「皮の役」を勤める代わりに土地を与えた例です。屋敷地一町五反を与えるとする一五二六年（大永六）の記録があります。

府中西のつらかハた彦八かゝゆる川原新屋敷壱町五段之分。（略）毎年皮のやく等申付[9]

同じく戦国時代、武田氏が織田・徳川連合軍に破れた後の甲斐国で、「かわた」が皮革を上納する代わりに、租税や課役を免除されたとする一五九一年（天正十九）の史料があります。

革多四人（領内の四人の頭／筆者）屋敷年貢並ニ諸役・田地ニ相懸ク夫銭共、御赦免成さるもの也[10]

この場合、「かわた」は上納した皮革の残りを売買して収入を得るケースが多かったのです。

そしてさらに、中世以来の革細工という特殊技術を持った「かわた」の特権が、武田氏の支配が終わった後の新領主にも引き継がれていたことに注意してほしいと思います。

株として売買された斃牛馬処理権

さて、皮革の原材料である斃牛馬――怪我で倒れたり病気で死んだ牛馬――を農民は自分で処理するのではなく、「捨て場」と呼ばれる一定の場所に持っていきます。捨て場は農村の中に点在しており、農家は自分の飼っていた牛馬を自分で解体することは禁じられていました。

「捨て場」に捨てられた斃牛馬の処理権は部落に所属します。農家の斃牛馬をキヨメ役が集める幾つかの村、あるいはその範囲(農村数十カ村)を一般的に**「旦那場《だんなば》」**といい、「草場」「職場」「掃除場」とも呼びます。「旦那場」は、下級警察業務で働く持ち場とも重なっている場合が多くありました。

キヨメ役は、この「捨て場」に捨てられた牛馬を持ち帰り、それを処理し、皮を剥《は》いで皮革製品をつくります。骨や脂や肉・内臓なども再生されます。肉や内臓は煮詰めて肥料にし、脂肪はろうそくや灯心油(行燈油)に、骨は薬用にも使われました。牛の肝臓にある胆石《たんせき》は牛黄《ごおう》と呼ばれる高価な薬です。

このように牛馬は死んでもなお多くの価値を生みます。しかし、それを知りながらなお、農民がキヨメ役にタダで引き渡すのはなぜでしょうか。先に私は、キヨメ役を雇う側も雇われる側も、共同体と共同体の関係として成り立っている、と述べました。キヨメ役と農民、その両方の関係を考察するところに、部落問題を解く鍵があります。

斃牛馬の処理権とそれによって収集された皮革、またはその原材料としての斃牛馬は部落の共同所有でした。もちろん、国家や藩への上納皮として貢納されますが、残りは売買されるケースが多く、商品化された皮革は、大きな利益を生むようになります。

そこから、つくられた皮革で得る利益を管理し、分配するための共同運営組織＝株組織が生まれます。その様子を資料から少し見ておきましょう。

斃牛馬処理の権利は株として売買され、「皮多株」「清め株」「掃除株」などと呼ばれました。それを私は「皮革の所有形態」と呼んでいます。くわしくいうと斃体の部位によってもっと細かく分けられるのですが、ここでは皮＝原皮を取りあげて説明します。

『兵庫県同和教育関係資料集　第三巻』は、一七九九年（寛政十一）十三戸の穢多村の株組織運営のしくみを具体的に示しています。

私共立会相談之上壱株又ハ半株と定都合拾壱株ニ相定メ

この村では原則として一戸一株、頭《かしら》の家は一株半を持ちます。分家が半株と推定され、十一株を十三戸で分配します。株（株札）は、斃牛馬を処理する労働の義務と、利益配当の権利から成り立ちます。その権利をもとに株の売買や質入ができるわけです。株を手放すと利益配当の権利だけが買い主に移り、斃牛を解体処理する労働は今までどおり売主が続けます。もっとも、実際には買い主がその労働に日当などを支払うケースが多かったようですが、ポイントは、売買される株は斃牛馬処理という労働があってはじめて生まれる権利であり、配当だということです。つまり部落は斃牛馬処理の権利、生産した皮革の利益を株組織として共同で所有、分配した。それが、共同体的所有と共同体労働のあり方を示しています。

弾左衛門支配に何が見えるか

先に捨て場、旦那場について説明しましたが、関東では、一つのキヨメ役の村＝共同体が農家の斃牛馬を集める権利を持つ地域（農村数十カ村）を**「場中」**または**「職場」**と呼びました。そして、そこから集めた斃牛馬の処理権者、先の株の所有者にあたる人を**「場主」**といいます。一つのキヨメ役の共同体に複数の場主がいます。この場主の間で斃牛馬を分配する方式は、関西に多い株組織とだいぶ異なりますが、個人の勝手にはできない共同体的規制の中にあることには変わりありません。

一人の場主が場中から得る斃牛馬は日数で決まっています。たとえば一月一日から二十日までに出た斃牛馬は「甲場主」。二十一日から三十日は「乙場主」という具合です。この間の日数を**「場日《ばにち》」**といいます。つまり、斃牛馬処理による利益の多寡は、この場日の多少で決まってくるわけです。そして、その斃牛馬から生じる利益（おもに皮革）を担保に、場日が権利として売買、質入できたのです。

ただし、場日が株組織と違うのは、権利に対応する義務です。場日の利益を生む労働＝斃牛馬の運搬、解体処理などは非人の仕事でした。そして非人には、その代償として場中の農家などから米や金銭を集める権利がありました。それが、いわゆる「勧進《かんじん》」ですが、彼らの権利と義務を知らない人々から「乞食」のように見られる場合があったのです。

これを見ると、斃牛馬処理の義務と権利、あるいは場主の義務と権利が個人的に所有されるかに見えるのですが、そうではありません。場主が所属する村＝共同体が複数集まって、代表「小頭《こがしら》」がおり、その上に穢多頭・弾左衛門がいるわけです。弾左衛門をトップに、弾左衛門―小頭―組頭―判頭といった指示系統があり、幕府は、おもに関東では町奉行を通じ、弾の支配系統を使って、キヨメ役を支配していました。

さて、場主が占有した皮革は小頭、穢多頭に上納しなくてはなりません。しかし、このとき斃牛馬から得た利益の何割かを金納します。この上納金は穢多頭・弾左衛門を頂点とした身分的共同体内の税と考えられています。これまで歴史家がたびたび指摘してきたように、キヨメ役の自治的共同体がここに見えます。弾左衛門支配は租税を収奪する上位の共同体を構成していたともいえるわけです。

このかたちが変化するのは一八七一年（明治四）三月の**「斃牛馬勝手処置令」**からです。

〈明治維新後の部落問題関係法令〉

一八七一年（明治四）三月	斃牛馬勝手処置令（牛馬の持ち主が勝手に処理・売買できる）
一八七一年（明治四）八月	「賤民解放令」（穢多・非人の呼称を廃止。身分・職業が平民同等）
一八七二年（明治五）二月	産穢の廃止令
一八七三年（明治六）二月	混穢（触穢）制度を禁止する布告

二重課税

先に見た十三戸の穢多村での株組織運営は**「御役所」**によって認可されていました。そして、まるで当然であるかのように「御役所」から税が賦課《ふか》されました。この例で見た村は金納でしたが、ほかの多くの部落では**「皮運上《かわうんじょう》」**などといって、生産した皮革を年十枚など年貢として現物で上納するように定められていました。たとえば今川氏の「かわた」は、この「皮運上」を納めた後、残った皮が部落の共有として売買され、利益を生みました。

それに対して大阪の役人村の場合は、この関係が逆で、行刑役労働の維持・再生産のために、皮革生産が認可されていたわけです。したがって役人村の皮革生産はかなり自由で、特権化されていたと推測されます。その大阪でも、株所有者の「株」に株運上が決まっており、かなり高額だったといわれます[11]。役人村は義務、御用として下級警察業務・行刑役を勤めており、その代償としての皮革生産にさらに税がかかっているのですから、いわば二重課税ということになります。こうしたところに上位の共同体支配、それもかなり勝手な支配が現われているといえます。

ちなみに、江戸時代の株組織というのは、キヨメ役だけでなく、町の商業者や職人間でも見られるもので、特別なものではありませんでした。それはまた、共同体としての株組織を幕府や藩が支配していることを示してもいます。町や村におかれた五戸ずつの近隣組織の五人組も同じです。キリシタン取り締まりや年貢納入のための相互監視・連帯責任の単位として、幕府が制度化したわけです。

幕府の禁止令の意味

江戸時代の社会を、斃牛馬処理をめぐるキヨメ役と農民の関係から、もう一度とらえなおしてみましょう。農家の役牛が死んだとき、農民は斃牛がなお価値を持つのを知りながらタダで部落に渡します。一六一二年（慶長十七）の幕府の禁止令「牛を殺す事御制禁なり、自然死するものには一切不可売事」(12)があったからといえますが、そこにはもっと深い、見えない関係性があると私は見ています。

幕府の農民支配、部落支配のあり方から見ると、日本の封建制の実体は、アジア的専制でいうところの「擬似封建制」「専制封建制」であった、とするのが正確でしょう。それは、農民の土地所有のあり方が私的所有ではなく、いわば上位の共同体＝国家に規制された「占有」といえるからです。江戸幕府のもとに三百ほどの藩がありましたが、幕府は大名たちを統制していました。何か不都合なことがあると藩をとり潰したり、領地を移しかえさせたりしたのです（「移封」）。それをかんたんに許した各地大名もまた、上位共同体である幕府支配の中にあったといえます。

その意味で、飼っていた役牛が、死んだ後も利益を生むことを知りながら、みずから処理することを禁じられたばかりか、処理費を非人に支払う農民も、上位の共同体＝国家の支配と強制（幕府の禁止令はその典型）の中にあったことがわかります。

これを部落の側からいいますと、斃牛馬処理の権利を部落が共同所有することは、日本の農民のあり方（生産手段を私有できないこと）を決定づけているわけです。こうした意味で、部落問題はこの国の社会構造を考えるうえで不可欠な要素だといえます。しかもそれがこれまで無視されていたことから、今ではもっとも重要な事柄だと思います。

六　公務その(2)—下級警察業務

江戸時代の穢多・非人身分の公務——その中でも下級警察業務は、警備や見廻りなど現代でいう警察機構でした。

『村を守る—古文書に映る江戸時代の警固役[13]』は、広島藩北部地域の**「警固役」**について三つの史料をあげて解説しています。広島藩と、石見《いわみ》銀山がある石見国（幕府直轄地）との境界にあった**「番所」**は、広島藩によって設置され、そこには**「番役」**と呼ばれるキヨメ役（当所で革田）がいました。

そこでもめごとが起きます。番役は生活のために番所近くの畑を耕作していたのですが、それに対して、「その畑はもともとわれわれのもの（番所設営以前のことと思われる／筆者）だった」と主張して耕作をはじめる農民が出てきたからです。

キヨメ役は、「番所廻り之畠之儀者四ケ所之庄屋洲ヨリ被遣候（畑は番役のため四カ所の庄屋からいただいたもの）」と代官所に訴えました。代官所の裁定を示す史料がないため結果はわかりませんが、「番役」の生活保障のために畑（役地）が与えられたと考えるのが妥当ですし、警固役の主張が当然でしょう。そうでないと藩が設置した「番所」の運営が成り立ちません。しかし、「俺の畑だった」ものが没収されたであろう農民からすれば、たまったものではありません。

見えなくなった権利・代償関係

これとは別に、労働の代償がはっきりしている事例も同書には書かれています。

一六九七年（元禄十）、芸北の農村四カ村は、キヨメ役の三右衛門を「役目人」すなわち警備役として招致しました。三右衛門が書いた請書（契約書）の「御請申定書之事」の現代語訳によりますと、「①四カ村の治安維持をしっかり行う。②四カ村の惣社（お宮）の祭りのときは、とくに念入りに勤める。その報酬として、商人からは「役銀」を、村からは「飯米」をもらう。（中略）⑥「（村の警備役として／筆者）家ごとに毎年麦一升・米一升をもらう」とあり、**義務としての労働と、権利としての代償**がはっきりと示されています。

ところが、ここで一つ注意しておくべき点があります。この請書を読むかぎりでは、権力の介在は明記されていないということです。そのことから、この史料を権力の介在を否定する証拠と考える人もいるかも知れないのですが、その断定は早すぎます。というのは、「役目人」の労働の代償を、四カ村の農村共同体が共同で支払っている事実があるからです。つまり、この「役目人」＝警備役は四カ村の共同体の警備を受け持っており、その代償も共同体的だということです。

警備役の雇用形態を示すもう一つの事例をあげます。

金山のあった佐渡・相川《あいかわ》では、町の警備・夜回りを非人が行い、日当が支払われました。

夜番之儀厳敷被仰付（略）毎夜非人四人宛相川中御回し被成候、此賃銭壱人ニ付一夜廿四文つつ被下候(14)

史料は一八三三年（天保四）当時のことで、町を警備する非人への日当は、代官所から町共同体をとおして支払われる、というものでした。

ところが、これまで私が述べてきたような共同体労働としての労働形態や社会関係を見失ってしまったとき、四カ村の警備を行う代わりに「毎年麦一升・米一升をもらう」といった公務としての労働の代償、つまり勧進する権利が「物乞い」のように見られ、偏見が増幅されるということが起きます。**一八七一年の「賤民解放令」で部落の職業・義務が制度的に失われますが、部落の側では習慣としてそれまでの権利を続けたところが多かった**と思われます。

とくに、キヨメ役＝穢多・非人身分の公務を全国的に見たとき、皮革生産より下級警察業務の方がはるかに多かったのです。明治政府が欧米を模倣した近代警察に転換しようとしたとき、それまで町村の警察的性格を持って現場で働いていた穢多・非人身分が切り捨てられました。結果的に多くの部落民が経済破綻し、差別だけが残りました。一方、こうした政策を強引に施行した明治政府もこの関係が理解できず、さまざまな混乱が起こるのです。

七　公務その(3)—神社・仏閣のキヨメ

犬神人と八瀬童子

さて、江戸時代のキヨメ役の仕事として、弾左衛門が書上げた以外に、水番、山番、祭礼の先導役があります。ここでは「神社・仏閣のキヨメ」について取りあげます。よく知られているのは次のものです。群馬県大胡町の八坂神社で一八七五年（明治八）頃までやっていた**「御神輿の掛」**、岡山県児島の熊野神社での**「御神行の先導役」**、京都の祇園祭で有名な**「神輿渡御の清め」**、福井県敦賀の気比《けひ》神社における犬神人による**「神輿の先導」**、鎌倉八幡宮における**「祭礼の先立」**など。

京の祇園社の「神輿渡御の清め」を行う**「犬神人《いぬじにん》」**は中世非人(15)ですが、江戸時代には「雑賤民」として表われます。中世から近世において神人《じにん》と呼ばれたキヨメ役の人々が、警固、掃除、神事を行っていたことはよく知られていますが、犬神人は「神輿の先導」役の代償として弓の弦《つる》をつくり、売る権利を持っていました。そのために「つるめそ」とも呼ばれました。

なお、京の犬神人とよく似た存在として**「八瀬童子《やせのどうじ》」**が話題になります。文献上では平安時代末期から登場する集団で、比叡山の青蓮院《しょうれんいん》を本所としながら延暦寺など比叡山諸寺の掃除など雑事を行っていました。同じ集団・共同体が他地域に分散していないので、「穢多・非人」の賤民構造では把握できないのですが、賤視される「雑賤民」層と考えられます。

彼ら自身がみずからを「鬼の子」と語るくらいで、社会一般とは一線を引く「半俗」的存在とされます。社会的「役」としては、天皇の葬送のときに棺《ひつぎ》を担ぐことで知られています。近代になって一時中断しましたが、大正天皇の葬送で棺を担ぎ、昭和天皇ではオブザーバー的役として参加しました。注意してもらいたいのは、そうした「役」の代償として八瀬童子は、京の町で薪や木炭、木工品を売る特権を持っていたことです。

話をキヨメ役に戻します。キヨメ役が担っていた「先導」「掛」「先立」は、ハレの日の祭礼に神輿の先導など、聖なる時空をつくったり仕切ったりする宗教的役であり、機能です。たとえば祭礼の前夜祭を結界された場所でキヨメ役が行うのも、ケガレを吸収してハレの時空をつくるためと考えられてきました。ちなみにこれらは神道的機能であって仏閣は本来関係ないのですが、奈良、京都などの大きな寺は神道の真似をしていて、そこでは「キヨメ」といわず**「掃除」**という場合が多いのですが、いずれにせよ、それらは江戸時代のキヨメ役の役目であり「公務」といえるものです。また、鎌倉・鶴岡八幡宮の祭礼で「先立」を行う人々について、永田衡吉は、「極楽寺村の長吏が鶴岡八幡宮の祭礼にあたり烏帽子素袍を着て行列の先立を勤めた」と記述しています。(16)「極楽寺村の長吏」とは関東での穢多身分ですが、彼らはふだん八幡宮の掃除や雑用、警固をし、そうした労働の代償として、祭りのハレの役とともに境内での興行権を与えられて収入源としていました。

こうした聖なる空間をつくったり仕切ったりする人をキヨメと呼びました。そして、そうした役を続けてもらうため、神社や公的機関から境内で芸能などを興行する権利を与えられていたという関係性を理解してほしいと思います。

鎌倉の面掛行列。従来は「非人面行列」といわれた。

かんたんに「神社・仏閣のキヨメ」という宗教的機能の事例を見てきましたが、これに類似した役割が、全国各地のキヨメ役＝現代の部落で行われていました。先にあげた群馬県大胡町、岡山県児島、京都祇園祭、福井県敦賀などでは比較的最近まで続いていましたが、ほかの多くは、一八七一年（明治四）の「賤民解放令」によって、その「役目」を終えています。では、賤民解放令の直後に何が起こったかを見ていきましょう。

八　賤民解放令で公務が消える

江戸時代にキヨメ役が担っていた公務としての労働――皮革生産や下級警察業務、仕置・断罪御用、あるいは祭礼での先導、農村部の水番や山番などの職業は、明治政府が出した太政官布告により、身分の解消とともに消滅しました。

穢多・非人等ノ称被廃候条、自今身分職業共、平民同様タルベキ事(17)

一般に賤民解放令と呼ばれるこの布告（一八七一年〈明治四〉八月二十八日）によって、

政治的身分は平民同様となりますが、その結果、部落はキヨメ役の公務を外され、その公務のおもなものをそれまでの平人などが行うことになります。ただ皮革生産だけは高度な技術が必要なために平人がかんたんに行うことができませんでした。とはいえ、一方で、明治維新後の富国強兵政策によって、旧藩の政商などが西欧の技術を導入して軍隊用皮革産業に乗り出します。しかし全国的には今でも多くが部落産業として続いているところが多いのです。

そのほかの公務は、解放令を契機にキヨメ役の仕事でなくなります。そして、先にも述べたように、当時これまでのキヨメ役の仕事を公務と理解する人がいなかったため、何の保障もなく収入源を失い、部落は困窮していきます。とくに典型的だったのは、下級警察業務の変化でした。

「警備役」の解消と差別意識

『近代部落史資料集成』第一巻には、賤民解放令以降、職を失い、困窮を深めていく当時の部落史料がたくさん紹介されています。ここでは、先に見た広島藩芸北の警備役とほぼ同じ仕事をしていた、同藩内恵蘇郡の史料を取りあげます。(カッコ内は筆者)

当郡革田共義者往古ヨリ旦那場（芸北の農村等、四カ村に相当する一定の地域）与唱候而郷里を分界ニ致、其地内ハ不及申ニ、近辺而盗賊ヲ始メ悪党者ヲ挫き（盗賊や悪党を取り締まり）、避邑隅々迄巡邏（すみずみまで見回り）、不審体之者見当り候得者其所置ヲ致候ニ付、年々春秋ハ勿論毎に勧進（金品を募集する）と申而拘攞（勧進と同じ）ニ廻り来り、（略）平民同様ニ被仰出候上者一粒も与へ候筈も有御座間敷（ござまじくあり）

ここに書かれているのは、地域（旦那場）の警備をする代償として勧進（「役銀」「飯米」「毎年麦一升・米一升をもらう」）をしていたが、解放令によって平民と同じになるならば米一粒も出さない、という意味です。その前提として警備役が解消されていることはいうまでもありません。

明治新政府による警備役解消の狙いは、警察機構の近代化にありました。その近代化の内実は、これまでのキヨメ役による下級警察業務を一方的に破棄し、パリとニューヨークの警察機構を模倣した新政府が、失職していた下級武士や町民などを募集して再編したものです。

再編には数年かかり、その間全国で混乱が続きました。混乱のおもな原因は、それまで警備役、羅卒《らそつ》、番人を穢多・非人身分がやっていたため、同じように見られたくないとして、やる者がいなかったからです。この経過は拙書『部落差別を克服する思想』に詳述していますが、結論をいいますと、これまでの差別的印象を残す、羅卒・番人の呼称をやめて「巡査」とすることで落ち着きました。(18) それが一八七五年（明治八）十月のことです。

それ以降、経済破綻した部落民に対し、偏見・差別観だけが残りました。とくにひどいのは、仕事を失って経済的に困窮する部落民に対して「貧乏なのは彼らが努力しないからだ」という一方的な偏見でした。解放令によって職業を奪われたうえに、差別によって、公務も含め、就労するのが非常に難しかったのです。こうした差別観を克服するためにも、単に差別事象を取りあげるだけではなく、キヨメ役を含めた社会史総体の解明を痛感します。

註1　『江戸社会と弾左衛門』中尾健次、解放出版社、一九九二年
註2　『新修部落問題事典』秋定嘉和・桂正孝・村越末男監修、解放出版社編、解放出版社、一九九九年
註3　『辺縁の未解放部落史研究』木下浩、柏書房、一九八六年
註4　逃散とは、百姓が抗議の意思表示として集団で逃げること。領主側が要求の一部を受け入れて呼び戻しに行くことが多かったとされる
註5　『資本論』一巻「マルクス・エンゲルス全集　二十三巻」大内兵衛・細川嘉六監訳、大月書店

註6 「摂津役人村文書」一八五三年（嘉永六）『近世被差別部落関係法令集』小林茂編、明石書店、一九八一年所収

註7 註1『江戸社会と弾左衛門』

註8 『近代部落史資料集成 第一巻』原田伴彦・渡部徹・秋定嘉和監修、三一書房、一九八四年

註9 『編年差別史資料集成 第五巻』、原田伴彦編、三一書房、一九八四年

註10 『近世関東の被差別部落』石井良助、明石書店、一九七八年

註11 『近世部落史の研究 上巻』西播地域皮多村文書研究会編、雄山閣、一九七六年

註12 『近世被差別部落関係法令集』小林茂編、明石書店、一九八一年

註13 『村を守る―古文書に映る江戸時代の警固役』広島県山県東中部部落解放史研究協議会編、一九九一年

註14 『佐渡国略記 上巻』新潟県立佐渡高等学校同窓会、一九八六年

註15 中世非人は奈良坂・清水坂を二大本宿とした非人集団が中核となって、中世中期から権門寺社に掌握され、ケガレのキヨメを職掌とする座的な集団を形成しながら、朝廷によって身分編成されていくと考えられる。八坂神社の犬神人など京都近国を中心に展開する

註16 『神奈川県民俗芸能誌』永田衡吉著、神奈川県教育委員会版 錦正社、一九八七年増補改定版

註17 註8『近代部落史資料集成』第一巻

註18 『法規分類大全 第一巻』内閣記録局編、原書房、一九七八年

第二章　部落差別とは何か——忌穢・触穢、職業、身分の一体化

一　部落差別の特性

賤民解放令以降、見えなくなった公務としての部落の歴史的仕事と社会的関係を見てきました。それを基盤に人々の生活を支えてきた仕事や文化の意義をとらえなおすことが、部落問題を解決する理論的道筋だと私は考えています。それを一言でいいきるとすれば、「部落の歴史と文化をまるごと認める」ということです。[注1]とはいえ、部落問題の中に文化を見るには、まず部落差別がどんなものか見ておく必要があります。私が**「部落文化」**と呼んでいるものは、**差別されながら生まれた文化だ**からです。その意味で、まず現代的観点から析出する部落差別の特性として、次の五つを私はあげてきました。[1]

①　差別は何らかの差異からはじまっている。

② 差異が社会的・制度的に固定されている。

③ 固定は歴史的に世襲として現われ、現代では世襲を構造的価値とする社会的習慣・習俗として現われる。

④ 部落差別は一定の共同体(注2)を前提にはじまり、個人の差異（多様性）を否定する。資本主義もこの国では本質的な差異化（自由化）ができず、差別構造を取り込んで成長している。

部落差別については、これまでさまざまな分析や起源論がくり広げられてきましたが、大事なものがそこには欠けている、と私は思ってきました。それは「部落差別とは何か」という規定があいまいなまま、現実にそれがあることを前提に論じられている場合が多いことです。典型的には「政治権力による分断政策」論があり、それに対して「社会のみんなが差別し、それを権力が利用した」という主張があります。さらには「差別はなくならない」というものもあります。しかし、これらはいずれも、そこでいう「差別」あるいは「部落差別」が何なのかについて、その中味を規定していないのです。

注1：もちろんそこには、後に見るように否定的事実もあり、それに対する批判的視点を含んだうえでのことである。
注2：④の「一定の共同体」は村落共同体であるが、現在どこに居住しているかは問題でなく、戸籍制度での本籍という日本独特の属性を根拠にした村落を意味する。

三つの命題

これらのあいまいな論の中で、政治権力による民衆分断政策論については、戦後の部落解放同盟の運動論として一定の規定がありました。**「三つの命題」**と呼ばれたものがそれです。①就職の機会均等の権利が行政的に不完全にしか保障されていない。②部落民は主要な生産関係から除外されている。③部落に対する差別観念は日常生活の中で、伝統の力と教育によって、自己が意識するしないにかかわらず、空気のように一般勤労人民の意識の中に入り込んでいる。[2]

この「命題」は、行政闘争という特定分野の闘争理論としてある役割を果たしたと思いますが、差別の特性を規定するものとしては政治的すぎると私は考えていました。もっとも、この理論は運動体内部からも批判があって、今では再考がうながされているようです。

やがてこの「命題」は改訂されると思いますが、部落差別を科学的に考えるときは、少なくともこうした分析と規定が必要です。そのうえで規定を批判するもよし、自分なりの差別論を展開することもできます。またそうした規定を示すなら、第三者もそれを共通のテーブルにして議論に参加できるからです。

注：二〇〇八年の部落解放同盟第六十五回全国大会では「三つの命題（部落差別定義の解放理論）を拠り所にそれらを今日的に発展させること」が議論され、以降、中央理論委員会で継続されている。

差別は差異に根拠を持つ

そうした規定が必要となる理由がほかにもあります。最近ではさまざまな差別をなくす取り組みが盛んです。人種差別や民族差別、宗教や男女の差別、障害者への差別などがよく知られていますが、それぞれ解決の道筋はかんたんではないものの、それぞれの特性は最初から誰の目にも明らかです。**差別は何らかの差異を根拠に社会的不利をこうむること**といえますが、今あげた例では、それぞれの差異が明確なのです。これらの差異をその問題の課題、特性として、それを誰もが共通の認識として自分の意見を述べ議論に参加できます。

蛇足かもしれませんが、ここで見られる差異は大切なものです。差異をなくすことはできませんし、なくす必要もありません。差異の多くは自然に形成されたもので、またそれぞれの土地を基盤として生まれた文化、文明に関連するのです。これらは自然との共生、多文化・多民族の共存として互いに認め合う必要があります。問題なのは、それらの差異を理由に人間の価値や序列を、決めつけて世襲化することです。

こうした人権問題の中にあって、**部落問題だけは最初の根拠といえる差異が見えない**のです。差異が見えにくくて差別だけが突出するものだから、「いったいどうして？」とわけがわからなくなる。差別する側も、される側も、何が根拠なのかがわからない。差異がはっきりしていれば、共通認識のもとに対話がはじめられるのですが、最初の差異がわからないので、共通の認識が持ちにくく、したがって発言も籠りがちです。

ともあれ、部落差別も何らかの差異が社会的に固定されているのはまちがいないでしょう。私はその差異を、歴史的な意味で職業と考えているのですが、そのことを論じるためにも、共通の認識となる一定の規定、つまり互いに批判可能なテーブルが必要なのです。

二　職業的差異が部落差別の原点

さて、私は江戸時代のキヨメ役（穢多・非人身分）のおもな仕事をあげて、その労働を「共同体労働」とし、その特性を「公務」としました。こうした職業すなわち公務がどのような社会的機能（分業）を果たしているかをまとめると、次のようになります。

① 危機管理機構
② 具体的ケガレのキヨメ
③ 宗教的ケガレのキヨメ

これらすべてが、ケガレといわれた事象を再生・回復し、日常性に戻すキヨメの仕事になります。現代の警察にあたる危機管理機構が、なぜケガレのキヨメなのか、すぐには納得しにくいかもしれません。三章で詳述しますが、犯罪をケガレとしていたわけです。つまり、部落の仕事を社会的機能として見るなら、ケガレをキヨメて再生、リサイクルすることなわけです。

このような社会的機能を果たす職業を、なぜ差別するようになったのでしょうか。それを考えるために、「キヨメ役」（穢多・非人身分）が存在しなかった地域――その職業が身分的分業、あるいは社会的機能として存在しなかった地域――で、斃牛馬処理が招致・設定される過程を見ることにします。それは、部落の存在や、その差別がなかった時点から、差別の歴史形成が見える対馬藩の例をです。その例から、一定の職業＝職業的差異と差別発生の歴史が現われます。

対馬藩に見るキヨメ役と差別の形成

対馬藩では、江戸時代半ばまで斃牛馬処理の分業化がありませんでした。死牛馬は捨てていたようです。その死牛馬の骨を島民が集めて九州本土へ肥料として販売していたくらいです。

そうした対馬藩が一七八九年（寛政元）、肥前田代から穢多身分を招致しました。理由は島内の斃牛馬を集め、皮革を生産するためでした。『部落解放史　ふくおか』[3]が史料をあげて解説しています。

中村正夫は同書「対馬藩の皮革生産について」の中で、史料「御群奉行所日帳」にある次のような記述を紹介しています。

村むらへ穢多を下し、殞（たおれ／筆者）牛馬の皮を剥ぎ取り候事を申し付け候

中村によれば、対馬藩の目的は次のようなものでした。

「目的は、当時極度の逼迫状態にあった藩財政打開の一助として、牛馬皮の生産を図ることにありました。つまり専門技能の保持者である穢多身分の人を導入することにより、（略）自給によって国益（藩財政／筆者）を増進するというものでした」。

ちなみに、この頃の対馬の民衆には穢多身分への差別意識がなく、招致した穢多身分との間に自然な会話や交際が進みました。藩はこれを見て「猥《みだり》がましき聞こえ」として穢多身分を一度は田代へ帰還させます。ところが、雪駄《せった》の需要などが盛んになって、一八一三年（文化十）再び招致しました。しかし、差別がないのは支配者にとって秩序がないに等しいことなので、「藩当局は、徹底して村人に穢多差別を強要しました」と中村は指摘しています。

このことは、当時の穢多身分が一定の職業者＝専門技能者として招致された事実を物語るとともに、この事例は皮革生産のための斃牛馬処理だけでなく、下級警察業務や仕置・断

罪御用なども、社会的に必要な職業として発生・形成されたことを示唆しています。しかも、対馬藩で見られたように、その就労形態は藩、国家、または地域共同体が介在するもので、この労働が江戸時代に個人の自由な取引によって成り立つ例は見たことがありません。

こうした藩財政建て直しのために「専門技能の保持者である穢多身分の人を導入」したことから考えても、**部落差別の特性が職業的差異、ケガレに触れそれを日常性に再生する職業、この国でキヨメと呼ばれた職業によって成り立っている**ことがわかります。

注：部落差別の職業起源説は戦前戦後にもあった。しかし、それは関西の都市型部落に多かった皮革産業や食肉産業を前提にしたもので、日本の社会構造の歴史としてとらえる視点もなく、視野が非常に狭いものだった。私は、全国各地の代表的な部落に出向いて聞き取り、ルポルタージュしながら、多くの歴史資料を見てきた。そのうえで被差別部落の歴史的職業を「水番・山番・牢番・街道守・警備役・斃牛馬処理・皮細工・刑場の労役・神社仏閣のキヨメ」などとまとめてきた。私がいう職業的起源とはこうした職業全体をさしている。

三　現代に続く差別

私は、こうした事例に見られるキヨメ役としての仕事・職業が、差別の前提となる差異と考えています。職業の差異化（たとえば分業化）は人間社会にとってなくてはならない必要なことで、これを否定する人はいないでしょう。しかしこの職業に就《つ》く人が、家族やその末裔も含めて、その共同体構成員すべてが、ほかの職業の人と結婚できないとか、自由に就職できないとなると、それは不当であり、社会的差別といわざるをえません。

残念ながら、歴史的事実としてそのような差別が続いたわけですし、それは今日でもかなり広く、かつ見えないところで根深く続いています。現代の部落差別の実態について、ここでは一九九三年の政府意識調査[4]から結婚差別の実態を示すデータを紹介します。古いデータに思えますが、部落問題での政府意識調査は二十年に一度行えばよい方なので、これが最近のデータになります。（順番と○内の数字は整理のため筆者がつけた）

一、未婚の若者男女に部落民との結婚観を問いますと、①「絶対にしない」二・八%、②「反対があればしない」一五・九%です。約一九%の若者が差別観によって拒絶、もしくは消極的だということが表われています。

二、親としての子への結婚観。自分の子が部落民と結婚しようとしたとき、③「絶対に結婚を認めない」五％、④「家族の者や親戚の反対があれば結婚を認めない」七・七％、⑤「親としては反対するが、子どもの意志が強ければしかたがない」四一％。⑤は親として部落民との結婚に反対しているわけで、この数字には私も驚きました。③④⑤をあわせると五三・七％の親が部落民との結婚に反対、もしくは消極的です。これは、部落差別の深刻さを示します。しかも、親や親戚、周りの反対があればそれに従うという人が大勢なのです。

三、一方「子どもの意志を尊重する。親が口出しすべきことではない」とする回答が⑥四五・七％。較べると差別する親の方が多いわけです。まず、この現実を直視することが重要です。

註1　『部落差別を克服する思想』川元祥一、解放出版社、二〇〇一年
註2　『新修部落問題事典』秋定嘉和・桂正孝・村越末男監修、解放出版社編、解放出版社、一九九九年
註3　『部落解放史　ふくおか』第九十三・九十四号・特集中村正夫先生を偲ぶ
註4　『転換期を迎えた同和問題』総務庁長官官房地域改善対策室 監修、中央法規出版、一九九五年

第三章　部落差別の三要素

一　ツミとケガレ

　ここまで、部落差別の原点、その端緒の差異が職業であるのを見てきました。その職業を社会的機能としての「ケガレのキヨメ」であることを指摘してきましたが、問題は、こうした性格を持つ職業が差別される理由は何か、ということです。

　部落差別とケガレ意識をワンセットでとらえる見方は従来からありました。ケガレ意識によってケガレをキヨメる専業者が差別される、というものですが、しかしそれで差別が解明されたとはいえません。ケガレが当人一代限りでなく「生来のケガレ」として代々世襲され、現代においても、どこに住んでいても、どんな職業をしていても「出自」を理由に結婚が忌避されたり、差別される理由が説明できません。

　後でくわしく述べるように、私は部落差別の観念的原理を、**「忌穢」と「触穢」二つの観念**

連合であると考えています。そして、こうした観念が一定の人々に固定され世襲的にレッテル貼りされるのは、**ケガレに触れてそれを日常性に再生する職業（キヨメ役）が、世襲を基本とする身分制度と一体化すること、つまり身分、職業、忌穢・触穢観——この三つの要素が一体化する**ためと述べてきました。(1) これらの要素をここで部落差別の三要素と呼んでおきます。部落問題を解くためには、この三要素が、どのような社会構造のもとで生まれ、機能するようになるか、ということを考察しなくてはなりません。

この章ではまず、三要素の中の忌穢・触穢の観念連合から見ていくことにします。

日本の和人社会では、古代から「祝詞《のりと》」が唱えられてきました。「祝詞」はすべて同じではありませんが、多く共通するのはそこで唱えられる「罪・穢を祓え清め給え」という呪文です。歴代の天皇は「国家祭祀」として、国を対象に共同体内部構成員の「罪」を祓い、「穢」を清め、天変地異をもたらす神の怒りに対して「罪」を謝罪し国土の安全と自然の循環を願います(現代の天皇は国家祭祀を行わない)。各地の神社の神職は、その地域を対象に**「罪穢」**といわれた犯罪や社会的な規範破り、そしてまた**「死穢」**といわれた人や動物の死などの「ケガレ」が発生しないよう願います。

しかし、残念ながら天皇や神職がいくら熱心に祝詞を唱えても、人や動物の死はまぬがれません。生きとし生けるものすべて死を迎え、また、死にいたる過程で病気も怪我もします。それは自然の掟＝システムであって、天皇もまた、そのシステムの中にあるわけです。また、「罪穢」は自然の掟ではないものの、残念ながら犯罪や規範破りも絶えません。

検非違使は国家の掃除担当奉行だった

これらを現実的な「罪・穢」の典型とするなら、それが発生したとき、実際には天皇や神職は何もしませんでした。九二七年に完成した延喜式は、祭祀の場および天皇や貴族はケガレてはならないものと規定しています。

それに対して、現実にケガレが発生したとき、具体的にケガレに対応しキヨメ（ケガレを日常性に回復・再生）を行ったのが、検非違使《けびいし》でした。平安時代から鎌倉時代の検非違使の役割を明らかにした丹生谷哲一《にゅうのやてついち》は、その著『検非違使』(2)の中で、「神と天皇が穢を最も忌避さるべきものとされていた」と述べていますが、そうした〝戒律〟によって、ケガレとされる事象が起きても天皇や神職は何もしませんでした。その背景には**「ケガレに触れると触れた人もケガレ」とする触穢意識**があったからです。ちなみに、「触穢」は延喜式で成文化され、制度化されました。

古代・中世では京《みやこ》を警備し、京の掃除を担当したのがおもに検非違使であり、その機構の現場で作業していていたのが下部《しもべ》、非人でした。下部は検非違使配下の看督長《かどのおさ》に従い、死穢の処理や処刑などに携わった放免《ほうめん》のことです。

検非違使は令外官《りようげのかん》の一つで、天皇の直接の指示のもとに、平安時代から京の治安維持にあたりました。一一世紀以降は、たんに警察的な役割にとどまらず、非人・河原者などを取り込んでキヨメを編成、統轄し、京中の人間や動物の遺骸処理、犯罪者の取り締まり、祭祀などの公的行事における掃除を担当しました。

江戸時代になると、その現場の仕事をキヨメ役(穢多・非人身分)が担うようになってきます。(江戸時代の身分制度が確立した後、私はこれをキヨメと区別して「キヨメ役」と呼んでいる)。

このように、キヨメ役の公務の仕事・職業すべてが祝詞の「罪・穢」に対応し、符合しているのがわかります。天皇祭祀のイデオロギーとしての祝詞の「祓え清め」と、キヨメ役の職業との合致については、これまで本格的に論じられたことがないので、偶然のように思う人がいるかもしれませんが、キヨメを統轄する**検非違使は天皇の直属機関**だったのです。

さらに注意して見ておかなければならないのは、古代・中世初期に、上位の共同体として祝詞の「祓え清め」を宗教的に「願う役」である神職(天皇)と、ケガレが現実に起こったとき、現場で具体的に「ケガレに対応する」キヨメ、すなわち下部・非人の労働（下位の共同体）との差別的、絶対的分離がはじまったことです。本来、神職者（天皇）も人として自然体であり、病気や怪我、死に直面しケガレに触れざるをえません。にもかかわらず、**神職（天皇）は絶対に清浄な存在でなければならない**、として現場の仕事を触穢意識によって切り離す。この絶対的分離は、京など朝廷のあった政治中心地にとくに生まれたシステムといってよいものです。天皇を清浄なる存在として維持するために、朝廷は具体的なケガレをキヨメるための社会的機能をつくり出さなければなりませんでした。

これを〈天皇―賤民制度〉の対比軸で見れば、ケガレの国家管理機関にあたる「担当奉行」によって「聖」なる天皇が担保されているわけです。つまり、忌穢・触穢の観念連合が、偶然にできたものではなく、「神」と「天皇」を結んで生み出されたシステムであり、イデオロギーなのがわかります。

なお、『検非違使』で丹生谷は「平安中期～中世において、検非違使はまさに国家の掃除担当奉行だったのである」と述べ、その現場で働く非人たちを「身分外身分」とか「社会的分業の総体系から脱落し、疎外された存在」とする意見に対して、「まさに彼らは、ケガレのキヨメという、中世における社会秩序を維持してゆく上で欠くことのできない身分的集団であった」と主張し、流動する中世社会での被差別身分制のあり様を論じました。

注：丹生谷のいう「身分的集団」を私は、江戸時代のそれとは異なる中世都市的、あるいは検非違使的集団と考える。中世には江戸時代に見るような三位一体の身分制度はなかった。

武家政権が引き継いだケガレ管理

ところが、室町幕府が成立すると、侍所《さむらいどころ》の警察・裁判権が強まって検非違使は機能を弱め、一四世紀末には検非違使庁が廃止されます。これは、古代・中世前期まで続いていた聖と賤の関係性が変化したことを意味します。しかし、変化してからも、天皇にその「聖」性がなくなったわけではなく、祝詞も国家祭祀として、古代・中世初期と同じ意義を持って唱えられていましたが、天皇の政治権力が後退する中、現実には、それまでの危機管理キヨメは武家の管轄下に移っていきました。その様子を、丹生谷は当時の史料をあげながら「侍所小《こ》舎人雑色《どねりぞうしき》によるキヨメ機能吸収のありさまが如実に示されている」とし、「侍所小舎人・雑色の配下として、被官人＝川原者《かわらもの》であった可能性は大きい」と考察します。(3)鎌倉・室町幕府の侍所で雑役を担った官司の小舎人の下で、河原者たちがキヨメを行ったというのです。ケガレの管理は天皇直属の危機管理機構から、国家公権を吸収する過程で武家が支配する社会に拡大されたと考えられます。

では、中世の前期と後期で、キヨメの構造自体に変化はあったのでしょうか。中世後期、検非違使なき武家社会で、キヨメがどのような位置にあったかを示す史料を石井進が分析しています。それは、南関東に強大な領国を形成した戦国大名・後北条氏の鎌倉代官による一五六五年（永禄八）の文書で、石井は鎌倉幕府が置かれた鎌倉の賤民史に触れながら、次のように述べています。

この家（長吏／筆者）が少なくとも中世後期に、頼朝以来の由緒を誇りつつ、諸国長吏の支配権を主張するとともに、鶴岡八幡宮と密接な関係をもち、八幡宮掃除以下の役を奉仕していたことは、みとめてもよい事実であろう(4)

ここでの長吏とは、中世初期に鎌倉・鶴岡八幡宮の祭礼で「先立」のキヨメを行った「極楽寺村の長吏」をさすもので、戦国時代、後北条のもとで、長吏たちの確固とした集団が存在していたことを示しています。つまり、キヨメの構造は、武家政権になってもかかわらず続き、ときの武家の権力者と結ばれていたといえます。

ちなみにここでいう長吏は、江戸時代には穢多・非人身分として把握されます。その意味で中世の長吏は、江戸時代のキヨメ役に連続しているといえますが、それは職業としての連続であり、居住地・身分・職業が一体となった江戸時代の身分制度とはかなり異なったものでした。とはいえ、こうした流れが江戸時代の部落差別につながることは十分想定できますし、私が江戸時代の身分制度、ことに穢多・非人身分の形成時期を、中世後期・江戸時代初期と特定するのは、その発端がこの時代にあると思うからです。

しかし、江戸社会の全体像を理解するためには、差別の構造だけではなく、職業や身分制度も解明していかなくてはなりません。それらは第Ⅱ部で見ていくとして、ここでは連続したテーマとして中世後期・江戸時代における部落差別の観念構造を先に解明していくことにします。

注：ここで二つの表現について私の見解を示しておきたい。一つは部落差別を考えるときの国の名前である。アイヌ社会と沖縄社会の歴史には部落差別がない。したがってこの問題を考えるときの「日本」は和人社会に限定される。それを「日本・和人」と表現する。もう一つは「キ

ヨメ」である。天皇祭祀での「清め」は宗教的レベルに留まっている。部落の歴史に見るキヨメは具体的であり、具体的であるがゆえに現実的な技術や知識が必要であり、皮革製品のように結果もまた実用的である。両者のこの違いを漢字とカタカナ表記で区別する。なお、両者は本来同じ概念から発生したと考える。

二 ケガレとキヨメ

江戸時代の部落差別を理解するには、これまで何度も見た「ケガレ」「穢」を観念としても概念としても、しっかり認識することが大切です。そのうえで「キヨメとは何か」を考えたとき、中世後期・江戸時代的身分制度の総体と構造がはっきり見えてきます。

日本・和人社会でケガレという言葉が何を意味したか、今日ではほぼその全容が見えています。民俗学や社会学など、それぞれの分野で多少の違いはあるものの、ケガレの意味するところは次のようなものです。

文化人類学の波平《なみひら》恵美子は、日本人のケガレ観を次のようにまとめています。(5)

特殊で異常なもの
不浄・穢れたもの
邪悪・罪
不幸・不運（死・病気・怪我・災難など）
神聖

最後の「神聖」は「神社・仏閣のキヨメ」に通じるもので「聖なる時空」をつくる機能を示します。これら波平のいうケガレ観に部落の公務のすべてがあてはまるのがわかります。なお、天皇や神職が唱える祝詞では「罪」と「穢」が別記されますが、民俗学では波平の指摘のように、両ケガレは一つの概念に包摂されています。また、祝詞でいう「祓う」は「掃う」でもあり、その概念に質的変化は内包されていないと私は考えます。「風が雲を掃う」ように「波が船を沖に流す」ように排除し、遠くへ離そうとする発想・思想で成り立っているもので[6]、同じように、祝詞でいう「清め」も具体性を持たず、「祓う」ことで「清い時空」が発生するという呪術的宗教的呪文に終わっています。豊田国夫はこうした呪文を「このようにありたい」と願う類感呪術（類似の法則）としており[7]、こうしたとらえ方が順当でしょう。

キヨメから「キヨメ役」へ

民俗学の宮田登は、これらの言葉の機能をもっと細かくとらえています。宮廷行事の「祓え」については「ハラエの特色は、制度化されたケガレ排除の行為[8]」とする一方で、普通の人々にとっての本来のケガレとキヨメを「人はいろいろなハレの儀式や行事を行うことによってケガレた状態を回復して元気に生きていこうとする」とし、この「ハレの儀式や行事」をキヨメと呼んだ、ととらえています。[9]

民衆意識に即した理解だと思います。このような意味から、私は祝詞の対極にあるケガレの現実、具体的ケガレに触れ、具体的キヨメを行う行為・職業を「ケガレを日常性に回復・再生する」ものと規定し、そのキヨメを身分制度的規制のもとで公務として行う場合を「キヨメ役」と呼んでいます。たとえば、古代・中世にキヨメと呼ばれた「下部」「非人」は、検非違使の下で、「祓え」の現実、具体的ケガレのキヨメ労働に従事していたわけです。

けれども、同じ職能を帯びていたとはいえ、中世のキヨメと、江戸時代のキヨメ役＝穢多・非人の間にはかなりの違いがあります。もっとも顕著な違いがそれぞれの身分的概念にあるわけで、三位一体としての江戸時代の身分制度に規制された者を「キヨメ役」と呼び、それ以前を単に「キヨメ」と呼んでいることに注意してください。

古代律令制のもとで、人々は「貴・平・賤」の身分に区分されました。中世は、こうした古代の身分制がゆるんだ時期といえます。公地公民制を前提とする奈良時代の律令制の支配形態が崩れて古代の身分制度はかなりゆるくなっていました。京に住む貴族の意識が貴賤・浄穢観にとらわれていた一方で、非定着民の人口が非常に増えた時代でもあり、新しい社会に変化する可能性を、中世、ことに戦国時代は秘めていたのです。しかし豊臣秀吉の検地に見られるように、全国統一が成ると同時に変化の契機が潰されてしまいます。

全国的な検地・刀狩がはじまる中世後期から江戸時代初期、豊臣政権、徳川政権によって新たな封建制身分制度が構築されるに伴って、中世的要素を持ったケガレのキヨメが再編され、江戸時代的なキヨメ役に編成されていきました。

次に、部落差別の骨格をなす観念的原理である忌穢・触穢の観念連合が中世後期から江戸時代に社会的制度となっていく過程を、延喜式を起点に見ていきましょう。

三　延喜式で成文化された忌穢と触穢

九二七年に成立した延喜式には、天皇や貴族が清浄な状態になる方法が細かく定められています。裏返せば、この規範そのものが、本来天皇や貴族がケガレを持つ存在であることを認めているわけで、その不可避な現実を前に、「ケガレていない状態」を形式的に仮装するものでした。実際、朝廷での儀式は、基本的に天皇の身体の清浄護持を目的とするものですし、天皇は、即位のごとに賀茂河原に行幸して禊《みそ》ぎ＝キヨメの儀式を行っています。

延喜式では「死穢」「産穢」「肉食」などの具体的ケガレと、それを忌むべき日数が規定されています。日数とは、貴族が朝廷に出仕したり祭祀に参加してはならない日数をさし、この日数を形式的にすごせば「ケガレていない状態」が仮装できることになります。カッコ内は筆者。

人死限三十日。産（出産）七日。六畜（牛・馬・羊・犬・猪・鶏）死五日。産三日。其喫肉《しし》（その肉を食う）三日（10）

この延喜式は、部落差別の初期的史料としてしばしば取りあげられてきました。

これは「服忌制度」（死者を忌む制度）でもあり、明治新政府が服忌制度の廃止を議論した際も延喜式が取りあげられており、およそ一千年もの間、影響力を持っていたことがわかります。そのときの議論には祝詞との関連も見られるので紹介しておきましょう。

穢ノコトハ延喜式ニ詳密記載セシト云ヘトモ、畢竟大祓詞（天皇祭祀の大祓の祝詞）ヲ牽強伝会セシニテ(11)

天皇が大祓で唱える祝詞が延喜式の成文化に関係していたというのです。興味深いのは、部落差別の初期的史料としての延喜式が、祝詞を引用したものといわれているところです。

四　人とケガレ観念を媒介する触穢意識

ケガレ排除の規定を延喜式の忌穢に見てきました。とはいえ延喜式は、具体的ケガレのキヨメにあたる人々を忌穢することを、十分説明しているわけではありません。ケガレに触れ、キヨメたからといって、その人が罪を犯しているわけではないし、ケガレそのものでもないわけです。検非違使のもとでキヨメを職業とした人々も同じです。彼らをケガレをキヨメる専業者と呼ぶなら、その専業者が、排除・差別の対象になるには、これまで見てきた「祓え清め」あるいは忌穢観念や制度とは別の観念、制度が伴わなければなりません。それが**「触穢」**です。これは**「穢に触れるとその人も穢」**とする宗教的・呪術的観念です。これが延喜式で触穢とされ、忌穢にならぶ天皇祭祀の基本的制度となりました。それは次のように延喜式に書かれています。

甲處有穢（甲所に穢あり）。乙入其處（乙そこに入る）乙及同處人皆為穢（乙と同じ場にいる者皆穢）

動物の死体や死者をケガレの発生源として、それに触れたことなどによってケガレが感染し、甲穢─乙穢─丙穢と三転する間、触穢が効力を持続する。これをケガレの三転といいます。ケガレが感染した人は忌穢の対象となり、出仕できず、祭祀に参加できません。

このような触穢意識によって、具体的ケガレに触れる者、従事者がケガレとされ、「忌穢」の対象にされたことがわかります。

ところで、延喜式は、あくまで朝廷の儀礼を規定するものであって、本来一般民衆には関係ないと考えられます。私もそのように考えてきました。だから延喜式以降、制度としての忌穢・触穢が、徐々に拡がっていったと思われていたし、私もそのように思っていたのですが、しかし、そうかんたんに上から下に制度化、習慣化されるものだろうか、という疑問を捨てることができないでいました。こうした制度が一般化するには、それを許す何らかの前提なり慣習が、広く社会に存在したのではないか……そんなことを考えていて、気づくことがありました。習俗としての忌穢・触穢が延喜式以前にもあったし、今もある、ということです。

それは延喜式のように成文化された規定ではありませんが、人々が生きていくうちに身につけた呪術的観念から派生したものです。

忌穢・触穢と「流し雛」

たとえば各地で古くから行われている「流し雛」があります。『年中行事辞典』(12)には、これを雛祭の源流として、「雛祭は、本来身の穢を人がたに託して祓う行事である」と書かれています。ここでいう「人がた」は「人形《ひとがた》」のことです。紙などで人のかたちをつくり、それを自分の体の病むところ=ケガレに擦りつけて川に流す。すると身の病、ケガレがなくなるというものです。

このような民間の宗教的習俗は延喜式以前に一般的にあったと思われます。『平安時代事

典　下』[13]には次のように書かれています。

平城宮跡（奈良時代／筆者）では「左目病作□□」「重病受死」と書かれた偶人が出土しており、病気を人形に移したものと思われるが、人名とともに目と胸に木釘を打ったものも出土しており、呪いに使われることもあったらしい。

「偶人」は「ひとがた」のことです。そして、ここにある「病気を人形に移した」行為が触穢意識であり、雛・人形を「川に流す」のが忌穢にあたります。

こうした意識（忌穢と触穢）は、古くから民間にある宗教的、あるいは呪術的観念として、人々の自然観・社会観として何らかの儀礼性を持っていたと思われます。

いうなれば、天皇制は民間にあるそうした呪術的観念を国家祭祀に取り込み、イデオロギーとした――このように考えてよいのではないでしょうか。そして、これらが権力によってひとたび制度化されると、呪術的な習俗は社会の規範として活用されていきます。

ケガレの伝染を恐れる触穢意識によって、現実的、具体的ケガレに対処した専業者、江戸時代でいえばキヨメ役＝穢多・非人身分が、忌穢の対象になり、そしてまた、そうした触穢意識が前提にあったからこそ、「罪・穢を祓え清め給え」を唱える天皇や神職が、現実的「罪・穢」に対応しなかったといえます。その理由は、「罪・穢」に触れると自分も忌穢の対象になるからにほかなりません。

とはいえ、これら触穢意識によって江戸時代のキヨメ役＝穢多・非人身分への差別のすべてが説明されるわけではありません。ケガレの忌みは期間限定だからです。延喜式や服忌《ぶっき》令《りょう》などで忌穢・触穢が制度化されたとしても、それによる排除には一定の期間と感染する範囲がありました。その期間と範囲がすぎれば排除の対象ではなくなりました。その期間の最長が、延喜式では「人死限三十日」で、範囲も「三転」までです。ここに見られる服忌制度をより強化して大衆にも強制したものとされる江戸時代の五代将軍・綱吉の服忌令は「父母忌五十日、服十三ヵ月」です。つまり自分の父母が亡くなると、一年喪に服さなければいけない。そして、これをすぎるとケガレた状態ではなくなるわけです。

延喜式や服忌令のこうした規則と比べると、江戸時代のキヨメ役＝穢多・非人身分、ことに穢多身分は「生来のケガレ」とされ、「先祖代々」差別されたこととは、やはり大きな違いがあるといえます。これをどう考えればいいのでしょうか。これを解く鍵は、それまで見た**ケガレを再生する職業**と、**忌穢・触穢意識の観念連合**のほかに、もう一つ重要な要素があります。

その最後の要素とは、**世襲や出自を中心的イデオロギーとする身分制度**です。これら三要素、つまり忌穢と触穢、職業、身分制度を分析してはじめて江戸時代の部落差別の構造が明らかになります。

注：江戸時代の穢多身分と非人身分は、身分制度から見るとそれぞれ異なった内容を持ち、その違いは重要なのだが、ここではひとまず職業的カテゴリーを確立し、そのことをとおして社会構造を考えてみたい。これまでこうした試みがなかったからである。この段階での身分的差異は常識的な理解で今は足りている。

五　職業と身分の一体化

これまでのところをまとめておきましょう。部落差別が、ケガレに触れ、それをキヨメて日常性に再生する作業・職業を起点にしていることがわかりました。しかしそれだけでは「生来のケガレ」などといわれ、先祖代々、しかも現代にまで続く差別の特性と、その原理を解明したことにはなりません。

延喜式や服忌令の忌穢・触穢には限度がありました。また、「偶人」「雛人形」「ひとがた」などは、その習俗自体が、天皇や貴族を含めて「人は皆ケガレている」ことを証明しているものとはいえ、特定の人にケガレを押しつけ、代々それが続くと考える部落差別とは異なります。

また一方で、最近は、江戸時代の穢多・非人身分＝キヨメ役の仕事はケガレだけを対象にしたものではないとする考えも出されています。それは、竹細工や藁《わら》細工などがキヨメの仕事であり、竹や藁がケガレそのものではないことからいわれているようですが、それに対して私は次のように考えています。江戸時代のキヨメ役（穢多・非人身分）の職業的特性が御用や役目と呼ばれ、公務的性格、あるいは社会的分業であったことはまちがいなく、そうした公務＝労働を維持し、再生産するための給付として、さまざまな生業的仕事がありました。たとえば竹細工や藁細工、灯心づくり、農業などです。こうした生業的仕事は、史料上散見できるものを羅列するなら、ケガレだけに触れたのではないといえそうですが、第一章で述べたように、そこにある労働形態や所有形態を立体的に分析すれば、史料にある仕事・職業を単純に列記するだけではすまないことがわかります。(14)

それにしても、キヨメ役にレッテル貼りされる忌穢・触穢による排除だけでは、先に見た部落差別の特性「③ 固定は歴史的に世襲として現われ、現代では世襲を構造的価値とする社会的習慣・習俗として現われる」が解けません。この特性を解明するには、社会的地位や職業を世襲する身分制度の分析が必要です。つまり**忌穢・触穢による職業差別と身分制度が一体化するところに江戸時代の特質がある**からです。

浄穢観と貴賤観の結合

身分について『広辞苑』(五版)[15]は次のようにいいます。

①身の上。境遇。②社会関係を構成する人間の地位の上下の序列。封建社会においては制度的に固定し、世襲的で、他への移行が認められなかった

要領を得た解説です。

成文化されたかたちで歴史的に身分が制度として確立されたのは、古代律令制における「貴・平・賤」でした。貴族は天皇をはじめ公家や下級官人まで。平人は農や手工業、商など。

賤も「五色の賤」として陵戸（天皇・皇族の陵墓を代々守る家系）、官戸（諸官庁に属し公用に従事）、公奴婢（官有の奴隷）、家人（貴族や有力者に属し雑用に従事）、私奴婢（私有の奴隷）などと細分化されていました。

延喜年間（九〇一〜九二三年）に奴婢廃止令が出され、中世に入って、古代的身分序列がかなり崩れました。しかし、貴族社会だけでなく民間にも拡がったと思われる貴賤・浄穢観は、漠然とその後も残ったと考えられます。

中世初期の貴族の日記『台記』には、死を間近にした家族を「穢」が発生するから河原に捨てるよう、キヨメに命じる場面があります。ここには延喜式でいう忌穢・触穢が見られます。また、中世後期、銀閣寺の庭園をつくった善阿弥の孫で、同じ庭師の山水河原者・又四郎の「某《それがし》、一心に屠家に生まれしを悲しむ」（『鹿苑日録』一四八九年）という言葉がそれを示しています。この言葉には浄穢観があるし、貴賤観もあります。

こうしたことからわかるのは、中世では、それぞれの身分階層が分業的に細分化しながら律令制下の貴賤観が残り、さらに天皇制祭祀や仏教的観念（とくに密教系）の浄穢観が複合的かつ重複的にからみ合って存在していたことです。

京、奈良などの都市では「賤」の代表格として清水坂非人、奈良坂非人の両者が検非違使や寺社権門のヒエラルキーの中で身分的規制を受けていました。しかし社会全般として職業と身分との関係は江戸時代ほど固定的ではありませんでした。

日本中世の身分制を考察した歴史学者、大山喬平は、この時代の身分を「侍・百姓・下人、所従（奴婢）」としています。[16]「下人、所従（奴婢）」が「賤」。「侍」は貴族ではありませんが、後に支配層にのしあがっていきます。その意味で、中世社会には、古代の「貴・平・賤」が制度としてはなくなったものの、イデオロギーとして漠然と残っていたと考えられます。

私は、こうした中世的状況を差異の時代と呼びたいと思います。下克上の時代ともいわれているように、かなりのことが自由に行えた社会だと推測できます。マルクスがアジア的専制と呼んだ公地公民的国家支配・絶対君主制を破るエネルギーがこの時代にはありました。荘園領主や分国大名の存在、自治的な村落と都市の形成、あるいは百姓や賤の分業の細分化などにその可能性を見出だすことができます。

秀吉の天下統一と「検地」「刀狩」「身分統制令」

しかし秀吉によって天下統一が成ると、たちまちその可能性が潰されます。「検地」「刀狩」「身分統制令」などによってです。

一五八二年、本能寺の変で信長が明智光秀に討たれた後、秀吉は光秀軍を撃破し、信長に代わって日本の支配者への道をつき進んでゆきました。一五八三年、大坂城を築いた秀吉は、都市と寺院を背景に強力な勢力を維持していた紀伊の一揆衆を撃退し、次に高野山を攻めます。その後、秀吉が発令したのが「刀狩令」でした。同じ頃に「検地」を開始します。それまで田畑などからの収益の換算法は貫高で表わされていたのですが、それを米を貨幣に準じた石高《こくだか》制にし、これにもとづいて軍役や年貢を負わせることになりました。これによって「百姓」の中のおもに農民が、検地による石高規定とそれに伴う年貢上納の義務をまっとうするよう、農地に縛りつけられることになったのです。

室町期から自立農民の増大につれて形成されてきた新興の自治的村落共同体としての**「惣村」**(17)、その連合体としての**「惣郷」**、関東の**「郷村」**などは、検地によって国家権力に収斂《しゅうれん》され、刀狩による兵・農分離によって分断されて個々の村落共同体に戻されました。

さらに秀吉は、その村落共同体の自立をも潰し、天下統一をかかげての国家支配を確実なものにするため、「身分統制令」といわれる、全民衆を国家が管理・支配する法令や戸籍制度を次々と実行しました。

「検地」「刀狩」「身分統制令」によって、分離（兵農分離）させられた「武士」と「百姓」

の「百姓」には、漁民や商人や職人が含まれていました。しかし当時、賤業視された賤民層は、身分制度的には特別把握されていません。とはいえ、その中で「かわた」(皮多・皮作)と呼ばれた人々は、武具をつくる皮革職人として重宝され、各大名によって統括されていました。(18)

近世身分制度の成立―身分・職業・居住地

ここに見る中世の「かわた」は、江戸時代の「穢多」と同じなのでしょうか。結論からいえば、中世的な「かわた」は貴賤・浄穢観に束縛されながらも、身分・職業・居住地が三位一体となる江戸時代の「穢多」とは異なるものです。

「身分統制令」が江戸時代の身分制度の根幹・原点であることは、高校の歴史で教えられており、これもまたほぼ定説です。「刀狩令」に続いて発令された**「身分統制令」は「武士・百姓」の分離のうえで、百姓が武士になること、武士が百姓になることを禁じました。**近世身分制度、あるいはそれを引き継いだ江戸時代身分制度の端緒はここにあるとされます。

次の第II部では、こうした状況を前提に、秀吉の身分統制令から江戸時代の身分制度への流れを見ながら、三位一体(職業、身分、居住地が固定)とされ、規制が厳しくなる江戸時代の身分制度の中で、ことに部落差別の三要素（忌穢・触穢、職業、身分）がどのように成立したかを考察していくことにします。

注：この後「部落差別の三要素」がどのように一体化するのかを見ていくのだが、一般に、「三位一体」は武士や平人、農民や商人などにもおよぶ概念であり、混同を避けるため「三要素」はキヨメ役だけを意味することを承知願いたい。

註1『和人文化論』川元祥一、御茶の水書房、二〇〇五年
註2『検非違使』丹生谷哲一、平凡社、一九八六年
註3 註2『検非違使』
註4『御家人制の研究』御家人制研究会編、吉川弘文館、一九八一年、「都市鎌倉における『地獄』の風景」
註5『ケガレの構造』波平恵美子、青土社、一九八四年
註6『日本古典文学大系 1』「古事記 祝詞」倉野憲司、武田祐吉校注、岩波書店、一九五八年
註7『日本人の言霊思想』豊田国夫、講談社、一九八〇年
註8『ケガレの民俗誌』宮田登、人文書院、一九九六年

註9　『ケガレ』沖浦和光・宮田登、解放出版社、一九九九年
註10　「延喜式」、『国史大系　新訂増補普及版』、吉川弘文館、一九八九年
註11　『近代部落史資料集成　第一巻』原田伴彦・渡部徹・秋定嘉和監修、三一書房、一九八四年
註12　『年中行事辞典』西角井正慶編、東京堂出版、一九五八年
註13　『平安時代史事典　本編　下』古代学協会・古代学研究所編、角川書店、一九九四年
註14　灯心の脂は斃牛馬解体によってつくられ、竹や藁は神聖視されたがゆえにケガレを祓う呪術性を持つと考えられた、つまりキヨメの道具として用いられたのである
註15　『広辞苑』(第五版) 新村出編、岩波書店、一九九八年
註16　「中世の身分制と国家」大山喬平、『岩波講座日本歴史8　中世4』朝尾直弘編、岩波書店、一九七六年所収
註17　室町時代から畿内の農民層を中心に積極的に耕地を拡大し、新しい秩序での結びつきを強めていった惣村は、構成員の協議によって自治的に掟をもって運営された共同体である。惣の財産として共有地を保有し、領主に対して年貢の軽減を要求したりした
註18　『近世部落の史的研究〈上〉』は「近世近畿部落史年表」としてこの時期の秀吉や各大名の皮革職人の把握を簡潔にまとめている。一五九一年「豊臣秀吉、諸国を検地、人掃（ひとばらい―家族・人口の調査―）を行う。〈かわた〉も調査し」などである

Ⅱ

江戸時代に根固めされた身分制度

第一章　検地、刀狩、身分統制令の大目的

一　身分制度に見る豊臣政権と徳川政権の違い

この国の近世が織田、豊臣政権にはじまることは常識といってよいでしょう。そして近世の身分制度も豊臣政権からはじまるとされます。

しかし、豊臣政権下と、江戸時代・徳川政権下の身分制度は、かなり違いがあります。豊臣政権では兵・農（百姓）分離が基本で、職人や商人、漁民などは漠然と「農（百姓）」の中に一括されていたからです。

これに対して**徳川政権下では、豊臣政権下の武士と百姓（農・商人や職人を含む）＝平人のほかに、賤民層、おもに「穢多・非人」を中心とした身分が世襲的に固定され、「武士・平人・賤民」の三つの身分階層が形成されます。**

この三つに階級を分けた身分制度は、成文化されたものではなく、史料的には不明確さを

残しています。しかし三位一体とまでいわれる堅苦しい身分制度が確実にありました。とくに特徴的なのは、中世では身分的規制が弱かったと思われる賤業者の多くの部分が、江戸時代初期に「穢多」「非人」呼称でまとめられ、「中世非人」の中で芸能などにかかわっていた人が、さらにその外でいくらかあいまいなまま把握されることです。[1]

中世にあっては、皮革職人は武具製造に必要なため重宝されたものの、やはり賤業視されていました。また、古代からある賤民層、あるいは中世の賤業者「河原者」「長吏」「非人」「穢多」「乞食」などと呼ばれた集団は、古代末から中世まで漠然とあった「貴・平・賤」や浄穢観にさらされていたと思われます。[2] しかし、職業や身分などを固定・世襲する制度は、京、奈良などの朝廷機構や機関の一部を除いて中世には確立していませんでした。[3]

中世の「穢多」は、動物の皮などをなめしキヨメた職業者「キヨメ」(「かわた」もこれに入る)の職業的蔑称であり、また京、奈良の「非人」は、古代・中世前期、検非違使の下で働く「キヨメ」でもありました。ほかの賤業者は各地に点在していました。

こうした職業者集団のうち、おもに「河原者」「長吏」「非人」「穢多」「乞食」などが「穢多・非人」と呼ばれて世襲的身分制度に組み込まれるのが、江戸時代なのです。

こうした豊臣政権と徳川政権の身分制度の違いは、どのような経緯の中で形成されてきたのでしょうか。

古代のイデオロギーは律令制の身分制度にはっきり表われていましたが、鎌倉時代以降、これが崩れて網野善彦流の「アジール」(自由な空間)状態が生まれました。ただ、私はそこに貴賤・浄穢観があり、都市的には「貴・平・賤」が変形したと思われる「侍・百姓・賤」のゆるいイデオロギーがあったので、(4) アジールとは見ませんが、三位一体のような身分的束縛がなかったことは確かです。

こうした中世的状況の中で、秀吉の天下統一が成り、さまざまな意味で厳しい統制がはじまります。身分統制令(身分法令ともいわれる)は、まず天正十九年(一五九一)に発令されたことから「天正十九年令」とも呼ばれます。

内容は三カ条で、一条で武士をはじめ、そこに属する侍・中間・小者などの百姓・商人への転職を禁じました。二条は百姓が田畑を捨てて商いや賃仕事に出るのを禁止。三条は主人に許しを得ないで侍・小者などを抱えてはならない、というものでした。(5) この身分統制令は、武士はもちろん、侍や百姓がほかの身分に移ることを禁止し、職業を固定したことから、江戸時代における身分制度の原点のように考えられてきました。

しかし、この後すぐわかるように、江戸時代の身分制度は、この身分統制令だけに絞りきれないほかのさまざまな要素から成り、確立されたものです。**江戸時代の身分制度は全体像を持った法体系として形成されたのではなく、随時出される各論的・個別的法令によって、徐々に、しかし確実に身分規制され、厳格な制度となりました。**この形成プロセスも江戸時代特有のものです。

こうした特徴を持ちながら厳格な身分制度が江戸時代に確立した背景には、これまで見てきたプロセスや流れとは別に、豊臣政権と徳川政権の時代だけに見られる大きな要因があります。それは秀吉の朝鮮侵略と徳川政権によるキリシタン弾圧でした。

一言でいえば、**秀吉の朝鮮侵略によって近世身分制度の原点「武士・百姓」がつくられ、徳川政権のキリシタン弾圧によって江戸時代身分制度の全体が形成された、**ということです。

実は、部落史やその形成史研究では、朝鮮侵略とキリシタン弾圧の持つ意味について、かんたんな指摘はあってもほとんど論考されていません。また部落史研究によって活性化した近世・江戸時代の身分制研究でも、これらを戸籍制度の確立として言及していても、身分制度の確立という視点からの本格的な論究は、私が知る範囲ではないと思われます。

家永三郎は次のように喝破しています。

「朝鮮侵略は豊臣政権のいのちとりになったが、封建的身分制は、この戦争によって、いっそう固められていった(6)」

注：豊臣政権での身分法令は「天正十九年令」だけでなく、多様な意味を持つ「夫役台帳」「人掃令」などの法令があり、それら全体を見ないと、そこにある思想・イデオロギーが把握できないと考える。したがって私はこの後、その全体を俯瞰する言葉として**「身分統制令など」**と記すことにしたい。

二　検地、刀狩は軍事態勢づくりが目的だった

秀吉が発令した一連の「身分統制令など」は、検地による土地支配と、刀狩による兵農分離を、より確実なものにすることを目的としていました。

それは、天下統一実現のため、状況を見ながら暫時個別に「定」「掟」「条々」などとして発令されました。重要なことは、発令の目的が、単に国内政治の安定のためだけではなく、一五九二年（文禄一）にはじまる朝鮮侵略を視野に入れていたところにあります。

ちなみに、検地は一五八三年頃から九八年にかけて行われていますが、その規模や検地

方式などは何度もあらためられながら発せられています。国内統一という観点だけで見ると、それは次のような目的を持っていました。一つは農地や畑の把握、二つめは収穫の実態を無視して収穫量を「公定石高」とし、一方的に年貢を取り立てること、三つめは農民を土地に縛りつけて放棄は許されないものとし、諸大名を中間搾取者として国家に従属させるものでした。つまり、太閤検地に見る全国検地は、すべての土地を国家が支配するアジア的専制の典型ともいえるものでした。

一五八五年〈天正十三〉頃からはじまった刀狩は「諸国百姓、刀脇差、弓、やり、てっぽう、其他武具のたぐひ所持候事、堅く御停止候」として、「兵・農分離」、つまり「武士」と「百姓」を区別し、両者の職業を世襲・固定し、かつ一揆など百姓の武装蜂起の芽を摘むものといわれています。確かにそうした側面がありますが、これにもまたもっと深い意味、目的がありました。

『国史大辞典』[7]は刀狩の条文をあげ、これを一向一揆など農民の武装蜂起を断念させるものとしながらも、没収した武器が朝鮮侵略に流用された疑いが濃いと指摘しています。刀狩令条文の後半には、没収した武器を大仏建造に使用するという文言がありますが、事実はそれだけではありませんでした。

朝鮮出兵が決行され船舶の建造が急務となった段階で大仏殿の建築が一時休止されたことと考え合わせると、刀狩による没収武器の一部は、朝鮮出兵に要する武装の一部に転用されたのではないかとも疑われるのである(8)

検地と刀狩に国家統一の具体的意図があったのは確かですし、私もそれを疑いませんが、これらの法令には、秀吉が隠すことのなかった背景、いやその政治的野心の「大目的」ともいえる朝鮮侵略がありました。これは歴史家の多くが指摘するところです。

家永三郎は前掲書で、検地について「1590（天正18）年の関東奥羽平定、つづく1592（文禄1）年の朝鮮侵略に、各大名は地域ごとに100石につき兵士何人という『軍役』を課せられた。検地によって秀吉は、すべての武力を統制したのである」と、述べていますが、この指摘は大切です。侵略戦争のための兵力確保と、その兵士に送る「兵糧米」が一方的な「公定石高《こくだか》」で確保されたのです。

続く刀狩による兵・農分離によって、農民が土地に縛りつけられ、武装蜂起が根絶され、没収した武器が朝鮮出兵に使われた可能性をさきほど指摘しましたが、刀狩の目的もまた、軍事にありました。それは、検地で定めた「公定石高」上納を確実にするため、年貢を納める農民の長男を名ざし（名請人）、身動きできないようにすることでした。

三　戦争動員のための戸籍制度

豊臣政権は、朝鮮侵略を「唐入《からいり》」といいました。一五九二年、朝鮮出兵にあたって、豊臣秀次による「唐入」に関する「条々」五カ条が出されます。

侍・中間・小者・あらし子や、人夫が欠落したら、本人およびその一類、拘《かか》え置いた在所に成敗を加える。（略）人夫として動員された百姓の田畠は、郷村の責任で作付せよ(9)

この史料から、朝鮮侵略にあたって、兵士（武士）のほかに人夫として百姓が徴用され、徴用された百姓の田畑は農村共同体で耕作しているのがわかります。

さらにまた、侵略戦争が難航し、武士、人夫が死亡したり負傷したりして兵士が不足した場合、いつでも百姓や町人を夫役《ぶやく》人夫として徴用できるよう、全個人を戸口調査し記録する「夫役台帳」（一五九二年頃）がつくられました。この台帳は、武士・兵士以外の百姓、農民や町人を臨時に夫役人夫として徴用するための人口調査・戸籍原簿でした。農民では田畑を耕す長男を除いて、おもに次男、三男などが狙われました。

検地・刀狩の後につくられたこの台帳は、秀吉が「大目的」とした朝鮮侵略戦争の、国家的な動員体制づくりのために作成されたものです。戸口調査とは戸籍制度のことで、ここに近世身分制度の原初形態が見えています。

それを徹底したのが、秀次によって出された「人掃令《ひとばらいれい》」（一五九二年）です。武士以外から兵士を徴用するため、兵士として適当か「役たたず」か、を分別するものでした。

『国史大辞典』は「人掃令」を「すでに朝鮮出兵がはじまり、全国の大名が領域ごとに人夫役・水主役などの徴発を進めているとき、実際の徴発された人数と、在地にあって今後に徴発しうる潜在的夫役労働力を区別して把握するために、秀次政権が関白の権能にもとづいて全国的に実施した戸口調査」としています。

一連の流れをまとめておきましょう。

秀吉による兵農分離が、朝鮮に出兵する兵士＝武士と、その兵糧米を生産する百姓を統括し、百姓を土地に縛りつけることを目的としていたこと。これによって侵略の軍事体制を準備し、そのうえでなお百姓（農民、漁民や山の民、職人など）を夫役人夫として徴用するため、いわゆる身分統制令（天正十九年令）に続く諸法、たとえば「夫役台帳」や「人掃令」などが次々に発令されたこと。これら全体を私は「身分統制令など」と呼んでいます。

「身分統制令など」のなかでも、その後の身分制度と差別に直結するのが「人掃令」でした。「人掃令」は、現代日本社会でも生きている戸籍制度のはじまりと考えられています。これはすべての個人を対象にしながら、**成人男子は夫役人夫として徴用するため名を書き、女性は人数だけ、そのうえ、「物をつくる者」とそうでない人を区別し、つくらない人を「役立たず」とする発想にもとづいて、心身障害者や雑芸者を追記するもの**でした。いわば、近世江戸時代の身分制度の端緒は、軍事態勢のために形成されたといってもよいものです。

こうした豊臣政権の検地、刀狩、「身分統制令など」の一連の法令が、農民一揆など国内治安対策だけでなく、秀吉が政権を取ってすぐはじめた朝鮮侵略のための戦時体制づくり、とする見解は一般論として、今日では常識です。

註1　近代になって「雑賤民」とされた
註2　『中世賤民と雑芸能の研究』盛田嘉徳、雄山閣、二〇〇四年
註3　京・奈良などでは坂・河原・巷所などに居住が制限されていた。

註4　『岩波講座日本歴史8　中世4』朝尾直弘編、岩波書店、一九七六年
註5　『日本の歴史15　織豊政権と江戸幕府』池上裕子、講談社、二〇〇二年
註6　『改訂新版 日本の歴史3』家永三郎編、ほるぷ出版、一九八七年
註7　『国史大辞典』第3巻、国史大辞典編集委員会編、吉川弘文館、一九八三年
註8　註7『国史大辞典』第3巻
註9　註5『日本の歴史15　織豊政権と江戸幕府』

第二章　キリシタン弾圧と身分制度――江戸時代

では、江戸時代の身分制度を見ていくことにしましょう。先にも述べたように、江戸時代の身分制度は、一個の法体系として確立されたものではありません。三位一体の厳格な身分制度が現実にあったのに、それを裏づける法体系や成文化された法令が文章として残っていない。史料がないのです。そのためこれまで、豊臣政権下での身分統制令が原点になって江戸時代の身分制度がある、と一般的に考えられてきました。

しかしここにも、制度的体系がないのに現実的に人々を縛る身分制度が成立する背景――秀吉とはまた別の徳川政権にとっての「大目的」といえるものがあります。

それが、徳川家康が天下統一を成してすぐはじめた、いや天下統一を完成するためにはじめたキリシタン弾圧でした。この過程で、ほぼ全国的に全戸全個人、そして全階層を把握する意図で戸籍制度がつくられていきます。それが**「宗旨改帳」「宗旨人別改帳」**と**「別帳」**です。これによって、豊臣政権が戸籍として名を書かず、身分制度としても取り残した身体障害者や雑芸人、女性などをほとんど取り込んだ全人口の戸籍制度が完成したといえます。世界に稀な戸籍制度の確立です。しかも、ここで作成された戸籍は、一八七二年（明治五）に実施された「壬申戸籍」の台帳となり、「解放令」以降の部落差別に利用されました。その意味で、この流れは今も生きているわけです。

まとめると、豊臣政権下では、兵農分離を軸にしながら「武士」と「百姓・平人」が区分され、これをもとにほぼ全国的な戸籍（名をあげず人数だけのものを含める）がつくられました。江戸時代には、それにならってより厳密な「宗旨改帳」「宗旨人別改帳」、そしてその補完物としての「別帳」がつくられたわけです。ここで注意すべきは、「別帳」によって「穢多」（中世のかわたなどを含む）「非人」を軸にした賤民層が、世襲的身分として顕在化したことです。

しかもそこでは、貴賤・浄穢観念、あるいは延喜式で制度化され、民間にもあったと思われる忌穢・触穢、江戸時代に大衆化された服忌令《ぶっきりょう》の観念、死をケガレとして忌避する宗教的観念が、あたかも身分制度と差別の接着剤のように政治利用されたことがわかります。

この後、そこのところを見ていきます。

一　宗門改と差別

豊臣政権の朝鮮侵略に端緒を見る武士と百姓の区別。それぞれがほかの身分に移行できないという意味で差別的身分制度ですが、それにもとづいて全個人を把握する戸籍制度が、江戸時代初期、おもに寛永期（一六二四～四四年）にはじまる「宗旨《しゅうし》改《あらため》帳」につながりました。これは、キリシタン摘発の手段としてつくられたものでしたが、島原の乱をきっかけに、宗旨調査を全個人に徹底した「宗旨人別改帳」に活用され、やがて全国で徹底されていきます（寛文期一六六四年　諸藩に宗門奉行設置を命じた）。それは、全領民が、いずれかの仏寺の檀徒であることを寺院と村役人が証明するものでした。『国史大辞典』(1)の説明を見ましょう。

> 家ごとに戸主を筆頭に家族・奉公人・下人などの名（女房・後家・戸主の母の名は記されないことが多い）と年齢を記し、キリシタンでない証明として各人ごとに檀那寺の印が押される

さらにこの宗旨人別改帳において、中世的賤業者、「キヨメ」「皮多」「河原者」「長吏」

「乞食」などと呼ばれ、各地に点在していた集団が「穢多」「非人」と書き出され、**百姓＝平人から切り離す「別帳」がつくられ、賤民層を区別して登録**します。これは豊臣政権にはなかった戸籍制度の徹底であるとともに、江戸時代的身分制度のはじまりでした。『部落問題事典[2]』では、この「別帳」について「部落が部落外の宗門改帳と別帳にされてきたのは、藩によって違うが、すでに近世前期後半にみられる」としています。

江戸時代の戸籍制度は、以上のようなプロセスで確立していきますが、それは同時に、豊臣政権における武士・百姓を分けた兵農分離に加え、さらに賤民を分離・差別した身分制度と序列の形成でした。この過程を「別帳」が作成される様子から見ていきましょう。

二 「別帳」の意味

キリシタン禁止は秀吉の時代から行われていますが、それでも江戸時代初期には七十万人の信者がいたといいます[3]。国家とは別の価値観を持つキリシタンを、豊臣政権も徳川政権も恐れました。これをまず、幕府直轄領への法令として禁止したのが一六一二年（慶長十七）、徳川秀忠の時代です。それは「条々」として発令されます。

伴天連門徒御制禁也、若有違背之族は、忽不可遁其科事」(「バテレン門徒禁止なり。もし違反の族有れば、たちまちその咎のがれがたき事」)[4]

この法令によって厳しいキリシタン弾圧がはじまり「宗旨改帳」「宗旨人別改帳」「別帳」の作成へと展開していきます。

秀忠時代のこの「条々」には、もう一つ部落史に深く関連する条文があります。それは農民が斃牛馬をタダ渡しするところで見た屠牛・肉食禁止令で「牛を殺す事御制禁也、自然死すものにハ、一切不可売事」というものでした。この禁制がキリシタン禁止と同じ法令として出されています。ほかに興味深いものでは、「たばこ吸事御禁断也」という条文もあります。今でいう禁煙条例で、社会一般の習俗も視野に入っていたことがうかがえます。

江戸時代の身分制度と差別に関していえば、キリシタン弾圧と屠牛・肉食禁止は双璧といっていいでしょう。部落問題からいえば、彦根藩が屠牛を認可しており、将軍や大名、医者などがその肉を食したにもかかわらず、屠牛・肉食は表向き禁止されており、あってはならない陰の文化でした[5]。そのため、彦根藩でも当時から屠畜場の労働者はキヨメ役(穢多・非人身分）であり、身分的規制・差別を受けていたのです。

一方、一般的な「悪人」や社会的犯罪者と同じように見られていたキリシタンが、賤民の居住地に隠れる可能性があるとする懸念、さらにその賤民＝「穢多・非人」などを「悪人」と同類と見る発想から「盗賊人穿鑿《せんさく》条々」が出されました。一六五七年のことです。それは九カ条からなっていますが、中でも多いのが農山漁村・町の犯罪者、悪人を取り締まる箇条です。

その中に「平人」から賤民層を切り離す目的の条文があります。

出家・山伏・並行人・虚無僧・鐘たゝき・穢多・乞食・非人等盗人之宿を仕、又は同類も可有之（これあるか／筆者）常々致僉議（つねに詮索している／筆者）(6)

「盗人」とは「社会悪」を意味しています。条文中に「盗人」と穢多・非人などを「同類」とする考え方が現われています。

三　江戸時代の身分制度は「武士・平人・賤民」

「宗旨改帳」「宗旨人別改帳」および「別帳」は、キリシタンを社会的犯罪者、社会悪と見なし、それを弾圧するためのものでしたが、そこにある偏見、差別観が、一般的な犯罪防止、あるいは犯罪者管理の法令の中にも見られるところに、時代の社会通念を読み取ることができます。これはキリシタン弾圧とともに、中世にはない江戸時代の身分制度の特徴です。なお、徳川幕府の法令の中で「穢多」という言葉をはじめて公的に用いたのが、この「盗賊人穿鑿条々」での表記です。(7)

こうした史料の中から、賤民層を「別帳」化した理由も読み取れますが、同時にまた「別帳」化された賤民層に対応して、農民や町人などの間で「平人社会」が意識され概念化された、といわれています。江戸時代には、その平人が人口の九十%を占めていました。

この『平人社会』は上に武士身分をもつと同時に、下に賤民身分をもち、宗旨改帳がそれぞれ別に作成され、相互間の身分移動（属籍変更）は原則として否定された（『百姓』『町人』間は職業・居住地を変えることで移行しえた）。すなわち江戸時代、将軍と大名によって構成された「公儀」（上位の共同体として公を代表する／筆者）のもとで、すべての人々が宗旨改帳という『戸籍制度』によって登録され規定されていた近世的な身分制度とは、〈武士—平人—賤民〉という身分制度であった[8]

ここに引用した指摘は非常に重要です。というのは、これまで知られた「士・農・工・商・穢多・非人」の身分序列に疑問が出され、「武士・百姓・町人・穢多・非人」を提唱する人がいるからです。その根拠は「工・商」間に差別がなかったから、というものですが、もし身分序列を差別的カテゴリーで表現すれば、「百姓・町人」の間にも差別はありません。したがって、江戸時代の身分序列は「武士・平人・賤民」とするのが妥当です。穢多と非人の間も差別のあり方は違いますが、身分的に賤民とするのに異議はないでしょう。

私は「士・農・工・商・穢多・非人」を、身分としてではなく、職業的カテゴリーととらえて、江戸時代の社会構造全体を考えてきました。この視点は今後も大切だと思います。また、身分呼称は専門家による議論を待ちたいと思っていますが、その議論も秀吉の朝鮮侵略、徳川政権のキリシタン弾圧を支配層のイデオロギーとして、そこから時代の全体像を把握すると、意外と早く落ち着くのではないかと思います。

話を戻します。「別帳」といわれるものがどのような意図と発想でつくられたのかが、はっきりわかる史料があります。『政譜集』[9]という書物です。書かれた時期は『部落問題事典』[10]にあるように近世前期後半と推定されますが、その文意からして「別帳」が作成されはじめた頃、それを指令する法令を書き写したものと思われます。『政譜集』は「穢多非人、おんぼうの類人別之事」としてはじまります。

穢多非人おんぼう人別之儀は、人別帳別帳に仕立候て、本村名主え差出、名主組頭奥印致し支配領主地頭役所役場え差出候、尤支配より人別取集取調高書上候節は、穢多非人人別は朱書ニ致シ、可書上、尤平民ニ紛敷無之様との事なり（傍点／筆者）

ここで「人別帳別帳」が指示されているのがわかります。これを「別帳」と呼んでいるわけです。「穢多非人人別は朱書」というのも印象的ですが、「平民ニ紛敷無之様」というくだりが「別帳」の意図するところを示しています。そしてこれが、豊臣政権になかった江戸時代の身分序列――「武士・平人・賤民」の制度的形成を意味します。

ちなみに、「おんぼう」は江戸時代の身分の中で地方により「穢多」であったり「非人」

であったりします。

註1　『国史大辞典』第七巻、国史大辞典編集委員会編、吉川弘文館、一九八六年
註2　『部落問題事典』部落解放研究所編、解放出版社、一九八六年
註3　『改訂新版 日本の歴史3』家永三郎編、ほるぷ出版、一九八七年
註4　『キリシタン関係法制史料』清水紘一、清水有子、蒼穹出版、二〇〇二年
註5　『彦根市史』中冊、臨川書店、一九八七年
註6　『近世被差別部落関係法令集』小林茂編、明石書店、一九八一年
註7　『日本の近世　7　身分と格式』朝尾直弘、辻達也編、中央公論社、一九九二年
註8　註7『日本の近世　7　身分と格式』
註9　『政譜集』（註6『近世被差別部落関係法令集』より引用）
註10　『部落問題事典』部落解放研究所編、解放出版社、一九八六年

第三章　忌穢・触穢と身分制度

さて、ごくおおまかにではありますが、江戸時代の身分制度「武士・平人・賤民」の骨格が見えてきました。しかし、まだそれだけでは、ケガレをキヨメる専業者が、何をもって「生来のケガレ」といわれるのかが、十分説明できたわけではありません。

江戸時代の身分制度の形成期といえるこの時期に、「武士・平人・賤民」の身分差別と忌穢・触穢がどのように結合したのか、そのプロセスをこれから見ていきましょう。

一　「貴賤」と雑賤民

結論を先にいえば、忌穢・触穢観は、朝鮮侵略、キリシタン弾圧とは直接の関連はありません。しかし徳川政権、とくに五代将軍・綱吉の時代（一六八〇〜一七〇九年）に忌穢・触穢が民衆を対象とする厳しい制度となり、中世以来の貴賤・浄穢観に縛られていた賤業者、とくにケガレをキヨメる職業者があらためて忌穢・触穢の対象となり、すでに成立していた「武士・平人・賤民」の骨格と一体化していきます。

さらに、この骨格を基に、それぞれの身分内で、分業的な細分化が進んでいきました。平人の中の「農・工・商」が、その典型といえます。武士社会も細かい分業化が進みますが、支配層として大きく見ると「天皇・貴族」と「武士」の違いは明白です。一方、賤民の中では、江戸時代にも「穢多・非人」からはみ出す賤業者がいました。そうした集団が身分制的法体系として把握された形跡はありませんが、これらの集団が近代になって「雑賤民」と呼ばれたので、ここではとりあえずこの言葉を使うことにします。彼らは穢多・非人とともに江戸時代の賤民層でしたが、同じ賤民であっても、そこにはさまざまな違いがありました。

中世雑賤民には賤業者と呼ばれながらも、鍛冶屋などのように社会的需要が高く職人として成長し「脱賤」した人と、社会的需要が高くても「脱賤」できなかった人がいます。その分岐点を見ることで、江戸時代の穢多・非人とそこからはみ出す賤業者の特性も見えてきます。

中世史研究者の盛田嘉徳は『河原巻物』[1]で、十四世紀から十五世紀にかけてつくられた四種類の「職人歌合」にある約一四二種の職業から「賤業」とされたものを次のように取り出し、さらに「この中で『エッタ』は革なめしの職人とされている」と論考しています。

1の壁塗、大鋸引、石切、2の鍛冶、鋳物師（鍋売）、刀磨、鏡磨、3の紺掻、4の武具工業の全部、5の深草（土器作、火鉢売、瓦焼）6の数珠師（轆轤師）、筆生（筆結）、蓑作、足駄作、櫛挽、草履作、箒売、鞠括、沓造、その他の皮革関係の細工、（中略・四種／筆者）などは、後々まで賤職そのものという考え方が続いた(2)

江戸時代になると、江戸にいた弾左衛門が穢多頭としておもに穢多・非人の支配体制を整えつつありましたが、さらに、雑賤民の多くを自分の支配下であるとし、「浅草弾左衛門由緒書」と呼ばれるものを幕府に提出しました(3)。

しかし、その由緒書は根拠がなく、実質的には弾左衛門支配ではなかったのですが、この由緒書から彼が支配下に置こうとした職業者・職人・手工業者を見ると、穢多・非人以外で賤業視された集団・雑賤民がどのような人々かがおよそわかります。

その職業者は「座頭・舞々・陰陽師・辻目暗・猿引、鉢叩・弦指（つるめそう／筆者）放下・渡し守・山守・関守・獅子舞・傀儡師・傾城（遊女／筆者）(4)」です。このほかに京などで河原者と呼ばれた「俳優」も賤視されました。こうした職業者たちが、古代からの貴賤観を基にした江戸時代の賤業者・雑賤民のおもなものといえるでしょう。

豊臣政権での兵農分離の時期には、これら賤業者の中に穢多・非人が入っていました。しかし江戸時代になると穢多・非人が賤民の軸となり、ここで見た賤業者・雑賤民がその外に置かれます。その理由は貴賤観ではなく浄穢観、つまり具体的ケガレに触れ、それをキヨメる仕事に従事する職業者であるか、そうでないかによる分岐点といえます。つまり江戸時代の雑賤民は、中世的賤業者の中でケガレに触れることがなく、かつ需要の低かった職業者と考えてよいでしょう。

二　穢多と非人

江戸時代の穢多・非人身分を職業的カテゴリーとして「キヨメ役」と私は呼んできました。**穢多・非人身分は身分としては貴賤観によって賤民に置かれながら、職業では罪穢や死穢に関する浄穢観で把握されます。**なお、ここでいう「浄穢」の「穢」が、延喜式や江戸時代の服忌令で制度化される忌穢・触穢の対象になります。

しかし穢多と非人の身分構成と差別のあり方はかなり違います。しかも、中世的状況では非人の中に穢多が包摂されましたが、江戸時代になると非人が穢多の支配下となり、職業も同じケガレのキヨメでありながら、非人のそれは「下職」ともいわれ、穢多より一層、現場的な仕事にあたりました。

典型的なのは、関東地方（幕府直轄地）で斃牛馬処理の現場仕事（運搬・解体作業など）を非人が行いながら、皮革の「所有」「占有」は穢多だったことなどです。[5] ここに両者の分業化を見ることもできます。

こうした非人は、世襲的な非人と「野非人」と呼ばれた個人的事情による非人に分かれます。個人的事情とは、おもに当時の社会的規範を破った者です。村落共同体の中で罪を犯したり、逃散したり、あるいは心中未遂で生き残った男女などです。この人たちは一定の期間、非人となり、その期間がすぎると「平」などもとの身分に戻りました。つまり流動性があったわけです。

これに対して、世襲的非人は中世的状況を受け継いでいます。中世非人の中にいた「皮多」「穢多」などが戦国時代の皮革需要によって権力から重宝され、江戸時代に「穢多」として統括されましたが、そのほか、社会的需要の少ない中世非人の中から「賤業者」＝「雑業者」が軸になって、江戸時代の世襲的非人が形成されたと考えられています。

江戸時代の身分制度では「穢多」に流動性がありません。幕末に一部で農民一揆の指導者や犯罪者が「穢多」身分にされた例がありますが、そうした人も、もとの身分に戻ることはなかったのです。

流動性がないために、「生来のケガレ」などといわれ、差別がもっとも厳しい妥協のない「忌穢」の対象になりました。職業としてケガレに触れるとはいえ、その人が罪を犯したわけではないし、もともとケガレているわけでもありません。にもかかわらず「生来のケガレ」など代々差別されるのは、身分と職業が一体化することで、職業の世襲が起こり、触穢意識によってケガレがレッテル貼りされるためと考えられます。次に、江戸時代にそうした忌穢と触穢が制度化される様子を見ていきます。

三　江戸時代の忌穢・触穢制度――綱吉の服忌令

先に、徳川政権による、キリシタン弾圧のための「宗門改」制度における賤民の「別帳」化過程で、「穢多・非人・おんぼう」が「平民ニ紛敷無之様」(『政譜集』)として賤民層にされ、「武士・平人・賤民」が成立するプロセスを見てきました。この身分制度に幕府の政治政策として忌穢・触穢が法制化され、レッテル貼りされることになります。それが五代将軍・綱吉の時代（一六八〇〜一七〇九年）です。

徳川綱吉は**「生類憐みの令」**でよく知られます。しかし、これも一つの体系的法令ではなく、一六八七年の「人宿・牛馬宿の生類遺棄禁令」からはじまって、綱吉が没する前年の一七〇八年までの間に出し続けた諸条例であったのです。おもには「鉄砲統制令」（一六八五年）や「捨て牛馬禁止」（一六八七年）「捨子禁止」（一六九〇年）など。これら一連の法令が生類憐みの精神から発しているとして、そのように呼ばれました。その発想・精神は基本的に仏教からきていますが、儒教や神道も深く影響していると思われます。忌穢・触穢が色濃く映し出されており、とくに「鉄砲統制令」は動物の狩猟をケガレとするものでした。[6]

しかし、もっとストレートに綱吉は、忌穢・触穢を法として民衆に強制しました。それは、「生類憐みの令」に見られるように、常軌を逸した神経質で強圧的なもので、「鉄砲統制令」より早くはじまった服忌令です。

綱吉の服忌令――忌穢・触穢の大衆化

一六八三年、綱吉はそれまでの**「武家諸法度」**を改定し、あらためて大名のキリシタン禁止、宗旨改めを厳格に実行しますが、これにかかわる法令として、宗旨改帳の制作方法ともいえるものを発令します。**「切支丹宗門改人数目録」**です。それは「大名とその家族を除く（大名は「武家諸法度」で規制し、ここでは別格／筆者）、江戸屋敷および領地の全人口が、家中・百姓・城下町人・えた・非人などに分類して示される[7]」ものでした。この中で「えた・非人など」が別帳化されるのですが、この方策の中に身分制度的序列として別格の「武士」があり、別帳としての「穢多・非人」つまり賤民があり、その間に「平人」が確立しています。

綱吉は「武家諸法度」「切支丹宗門改人数目録」のほかに服忌令を一六八四年から暫時出していきます。この法令は、朝廷貴族間の規定だった延喜式などとは違い、**庶民生活を射程に入れて忌穢・触穢を制度化**していくものでした。

『日本史大事典』は服忌令一般を「近親の死に際して喪に服すべき期間を定めた法」であり「死穢を忌む期間」と説明しています。親族の誰かが死んだ場合の儀礼を定めたものなので、親族法ともいわれます。先に紹介した延喜式の忌穢・触穢の規定は、貴族の間での喪の期間でした。

なお、ここにいう「服忌」は、ケガレを避ける「忌穢」と、ケガレに触れるとその人（または物）もケガレとする「触穢」が組み合わされた概念です。綱吉の服忌令の最大の目的は、武士社会の最高位である家康＝日光東照大権現を長とする将軍を「神」または「聖」なる存在として神格化し、ケガレず、かつケガレに触れないようにすることでした(8)。

そこに触穢意識があるから、一般の父や母の死＝「死穢」を前にして家族もまた「死穢を忌む」＝服忌してほかに触穢しないようにする（その最たるものが神・天皇・将軍であって、将軍にケガレを及ぼしてはならないとされた）。綱吉など江戸時代の服忌令は、こうした発想から成り立っています。つまり死穢を忌み、喪に服してケガレが伝染しないようにするという忌穢・触穢を取り込んだ概念であり、制度でした。

先に延喜式について書いたとき、私は民間にも忌穢・触穢観があったといいました。確かにそれらは習俗として社会一般にありました。だからこそ服忌令は、現実的に民衆を縛る力を持ったのです。

服忌令の意味

延喜式から約六五〇年後の綱吉の時代、服忌令は、より具体的に庶民生活に組み込まれていきます。それは、儒教思想の拡がりを背景に、社会や家族の「礼」を義務づけ、家制度をもとにした社会秩序の確立と、身分制度の一層の強化をもたらしました（ここにもアジア的専制の共同体支配があると思われます）。部落問題の観点から見ると、これが差別観念、そのイデオロギーの大衆化の重要な画期になった、と私は考えています。

先に服忌令は綱吉が改定したといいましたが、服忌令を体系的に解明した林由紀子の『近世服忌令の研究』によれば、それまでも武家の間に服忌の制度がありました。その頃は、吉田神道の『神祇道服忌令』を流用して武家の倫理規定である『武家諸法度』に入れられていたのです。五代将軍綱吉は、そうした服忌令を改定し、庶民の日常生活にも適用、制度化したわけです。いわば綱吉は「服忌」の制度を貴族や武家から一般社会に拡げたといえます。

ちなみに、綱吉による服忌令の改定は、初期のものと完成期のものがあります。初期は一六八四年で、儒者の林鳳岡《ほうこう》、木下順庵、神道家の吉川惟足らを集めて検討されました。その後何度かの改定が加えられて、完成されます。

では、綱吉の改定による初期と完成期の二つの服忌令条文からおもな内容を見てみましょう。(9) まずは初期のものを紹介します。(10) ちなみに、忌は忌中・公式行事に出られないなどで、服は喪に服する期間で忌よりゆるい。十三カ月は一年のことです。

〈貞享元（一六八四）年服忌令〉

父母	忌五十日　服十三カ月	子が喪に服する
養父母	忌二十日　服百五十日	子が喪に服する
夫	忌三十日　服十三カ月	妻が喪に服する
妻	忌十四日　服九十日	夫が喪に服する
嫡子	忌十四日　服九十日	父母が喪に服する
末子	忌七日　服三十日	父母が喪に服する
末孫	忌三日　服七日	祖父母が喪に服する

これらを見ますと、忌穢・触穢の強弱＝服忌日数の多少が、家父長的な家制度の価値観にもとづいて定められているのがわかりますし、今日から見れば女性差別も現われています。完成期は一六九三年ですが、ここに引用した部分は変わっていません。完成期で追加されたのは、親族をもっと細かく区分けすることと、女性に対するもので、初期にもあった女性軽視が一層強く表われます。たとえば「曾孫玄孫　忌三日　服七日」であるのに、「娘方には服忌無之」などが追加されています。

その一方で、女性に関しては、死穢の忌み、服喪以外に、出産を**産穢**、月経を血穢として細かく規定しました。

こうした綱吉の服忌令について、塚本学は『徳川綱吉』の中で、部落差別の具体性としてたびたび指摘された忌穢・触穢や同火禁止などを含め、「穢」について細かく、かつ的確に解説しています。

その他の身の穢についての規定が拡大されていった。出産は父母ともに穢とみなされたのが早い規定だが、その穢を受けた者と同じ火で調理した物を口にした者、針治療から鼻血・できものや傷・痔・婦人の月経などでの出血、房事、牛馬などの死、牛馬や犬などの肉食やいくつかの香辛料の摂取なども穢の対象として、それぞれのケースで行水などを必要としたり、慎むべき日数の規定などが追加されていった

さらに塚本は、「穢とされるものが、血を中心にいわばヒトの動物性が露呈された場面であること」としながら次のように述べています。

動物の身体を穢とする感覚は、服忌令の中で死・出産・出血など動物としての人間の生

理現象を穢とみ、穢に触れた者との接触も穢になると見た意識と相通じるものでもあった。綱吉の時代に、えた呼称の一般化とともに、えた身分への差別が各地で強化されるのも偶然ではない

こうした歴史観が的を射ていると思います。

服忌令と屠畜

なお『日本畜産史』(11)は、綱吉の服忌令と触穢について次のように書いています。

元禄六年には彼は、服忌令の改正によって触穢令を新たに出し、人間の死はもちろん動物の屠殺による穢れを払うことを命じた。これは、当時社会の一部で行なわれていた屠殺や皮剥ぎや肉食の風習があったことを示している

先に述べた彦根藩での食肉生産とその労働者への賤視が裏づけられると同時に、服忌令が、綱吉の時代以降、武家政治の幕府法として、庶民生活をも規制するまでに強化されてきたこ

とがわかります。

こうして見ると、服忌令の基本観念である忌穢・触穢が、ケガレのキヨメを仕事にする、つまりケガレを日常性に再生する職業者に適用され、なおかつ触穢意識によって「その人もケガレ」とレッテル貼りされて「忌穢」の対象となり、その職業が世襲を軸とする身分「武士・平人・賤民」と制度的に一体化するプロセスもわかってきます。そしてまた、とくに流動性のない穢多身分に「生来のケガレ」などの差別観が集中的に固定される経緯《いきさつ》も、このプロセスによって認識できます。

こうした服忌令の初期と完成期の間に発令される「生類憐みの精神」による諸政令、そこにある忌穢・触穢意識が、キヨメ役としてケガレに触れる職業をする穢多・非人身分、中でも世襲的に固定した身分の穢多に集中していきました。

塚本学はこれらの政令の中でまず、一六八七年の「人宿・牛馬宿の生類遺棄禁令」の条文について「人宿または牛馬宿その外で『生類』が煩い重くなると、生きているうちに捨てるものがあるかに聞く。右のような不届き者があったらきびしく処罰する」をあげ、この場合「『生類』というのは、人・牛馬をはじめとした動物類をさす」と述べています。さらに塚本は、「捨子・捨て牛馬のきびしい禁令が頻出する」ことによって定着する意識や体制を次のように考察しています。

牛馬の皮革の処理は、すでに古くから皮多身分の職掌とされてきて、皮多の称号に代わって、えたと呼ぶのがこの頃一般化していくが、捨て牛馬禁止令のなかでえた身分は改めて牛馬死体処理について請書提出を求められていた。動物の皮や肉を利用しながら、その殺害や死体処理は汚れたこととして、卑賤視した身分に担当させる体制

これより二年前の「鉄砲統制令」(一六八五年)も貴賤・浄穢観を背景にした忌穢・触穢意識によるものだったのは先に見ました。武士もまた肉は食べるが、生産(屠畜)する人間を差別するという自己矛盾は、今日の屠場および、屠場労働者に対する偏見と直接つながるものです。

世襲を軸とした江戸時代の身分制度の特徴、なかでも穢多・非人身分への排除・差別の構造はこのようにして形成されました。これが、「部落差別の三要素」(78頁参照)が制度的に確立したプロセスでもあります。また、現代も部落差別に利用される戸籍制度の確立も、身分制度と同じイデオロギーと経過を持っており、身分制度と切り離せない裏表の関係にある

ことも、この考察の中でわかってきました。

「穢れ観は弱まった」か？

上杉聰氏は『これでわかった！　部落の歴史』[12]の中で、林由紀子の前掲書[13]を参考にしながら綱吉の服忌令に触れています。しかし、上杉氏はこれを、江戸時代中期から穢れ観が弱まる史料として取りあげています。

同書一五五ページの〈差別のゆるみと「穢れ」観〉で上杉氏は次のように書いています。

たとえば幕府は、一六八四年、喪の服し方などを定めた『服忌令』を制定しました。ここに表れる江戸時代の「穢れ」観と、平安時代の『延喜式』に記録された強さを比較すると、いくつもの点で「穢れ」観の弱まっていることが分かります。たとえば、『延喜式』では「穢れ」が人から人へ伝染・拡散しつつ弱まっていくのですが、『服忌令』には、そうした規定がまったく見られません。「穢れ」は当人限りのものでしかなくなっているのです。また人の死によって忌むべきとされる期間についても、『延喜式』の場合は三十日、『服忌令』ならば、わずか一日程度へと減少します。

一六八四年の服忌令とは、私が先に引用した綱吉時代初期のものです。はたしてこの解釈でまちがいないといえるでしょうか？

延喜式では「忌穢」（条項としては「穢忌」と表記されている）と「触穢」が言葉として表現され、両方の規定があります。これに対して、綱吉の服忌令には初期も完成期も忌穢・触穢の言葉がありません。しかしながら、上杉氏がいうように「穢れは当人限りのものでしかなくなっている」わけではない、と私は考えています。それは先に引用した綱吉の服忌令の内容を見ればすぐにわかります。忌穢・触穢が言葉として使われていなくても、それらが「服忌」という儀式に組み込まれていると考えるべきではないでしょうか。

たとえば、服忌令の最初にある「父母　忌五十日　服十三カ月」を見てみましょう。

この場合「父母」が「死穢」なのですから、そのことで喪に服すのはその子になります。つまり「父母」の「死穢」が子に伝染しているのが前提なのです。だから規定された日数を喪に服すわけです。これは触穢思想を前提にしないと成り立たないものです。したがって、「『穢れ』は当人限り」には疑問を持たざるをえません。なお服忌令の最後「穢乃事」に「死穢一日」とありますが、それは、家族とは別の他人の死に対してのことであり、親族には当てはまりません。しかし、自分にとって他人であっても、その死者には必ず親族がいます。その親族には服忌令の各規定が適用されるのは、いうまでもありません。その意味で「死穢一日」は、全体としての触穢意識が弱まったことを意味しているとはいえないと思います。

さらに「父母」とその子だけを見ると、触穢による「死穢」の伝染は一転に見えますが、たとえば服忌期間がもっとも短いものとして先に示した「末孫　忌三日　服七日」を考えてみましょう。

「末孫」が存在する立場の人は、世間でいう「爺ちゃん」「婆ちゃん」＝祖父母です。末孫の死に対して祖父母は「忌三日　服七日」の規定を受けます。しかしこの「末孫」には当然「父母」がいるわけです。この「父母」は祖父母と違って少なくとも「末子　忌七日　服三十日」の規定を受けるのです。

また、先の引用では書かなかったのですが「祖父母　忌三十日　服百五十日」「曾祖父母　忌二十日　服九十日」「高祖父母　忌十日　服三十日」が定められています。これらの間に子や孫があることを考えると「死穢」が伝染していることになります。

先に紹介した服忌令の条文における近親の死に際しての服喪期間を見ますと、父母、祖父母、曾祖父母、高祖父母の順、あるいは、嫡子、末子、嫡孫、末孫、ひ孫、玄孫という順で、喪に服すべき日数がおよそ半減していく様子が見えます。この理由を、服忌日数の軽重によって家族親族内の序列を明らかにするためであって、死穢が伝染するという触穢観念を親族関係にあてはめたものではない、という意見も出されていますが、「末孫」「祖父母」など一つ一つの条文は、ほかの条文を含んだもので、武家の服忌令は、それら全体をヒエラルキーをなした一つの体系として見るべきで、一項目を個別に取り出して理解すべきではありません。

青少年期から儒学を学んだ将軍綱吉による服忌令が、「礼」を重んじた社会の実現をめざす側面を持ち、嫡子が家督相続する家制度秩序を重視したのは疑いのないところです。いうまでもなくもっとも神聖で穢が及ぼされてはならない対象として、家康（東照大権現）を最上位に置く服忌令の体系そのものが、触穢観念を折り込んでいるわけですから、「穢れは当人限り」だとしたら、「穢れの及ぶ範囲」という発想は出てこないのです。

綱吉の服忌令では、空間的に甲乙丙とケガレが伝染してうすまっていくという考え方は見られませんが、礼秩序を重んじる武家社会の確立に伴って親族関係がとくに重視され、上の者に死のケガレが及ばないよう服喪するわけです。また、服忌令が「ケガレを忌む」儀礼として広く一般民衆の生活を規制し、ケガレを強く意識させ、それを排除する観念を広めたことはまちがいありません。

綱吉の服忌令の中でもっとも長い服忌である「死穢」を前提とした期間は「父母　忌五十日　服十三月」というもので、八代将軍・吉宗による一七三六年の服忌令も、ここに引用した部分はすべて同じで、[14] これらは延喜式の三十日よりはるかに長いことは明らかです。したがって、綱吉の時代に出された服忌令は、ケガレ観の強化を示すとはいえ、『穢れ』観の弱まっていること」を示すものとは決していえないのです。

さて、明治になって、触穢に新政府も直面することになります。そのため、葬儀における触穢＝混穢の制度をあらためて解除する布告を一八七三年（明治六）に出しています。その廃止令でも、それまでの「触穢」を三十日としており、これを廃止するものです。

従来人死スレハ、埋葬の日ヨリ三旬之間穢ト称シテ閾ニ薦ヲ掛ケ（しきいにこもをかけ）、他人来ルトキハ床上草履ヲハキ、座レバ毛氈《もうせん》ニ居シ（略）埋葬シ了リテ家ニ帰リ祓ノ式ヲ行フノ上ハ、自ラ穢ハナキモノト定ラレ[15]

混穢とは触穢のことで、「三旬」は三十日をさします。明治になって、あえてこうした布告を出したことからしても、「触穢」は無視できない制度として、定着していたのがわかります。

このようにして世襲的差別構造としての江戸時代の身分制度が形成されました。それは職業、忌穢・触穢の観念連合、身分制度という「部落差別の三要素」が一体化した社会構造でした。またそれは、すでに中世にあった職業の差異を基盤に、中世後期、近世の支配的思想・イデオロギーによって結合されていったのです。

註1『河原巻物』盛田嘉徳、法政大学出版局、一九七八年
註2 註1『河原巻物』
註3「浅草弾左衛門由緒書」享保年間／一七一六～三六年
註4『近世被差別部落関係法令集』小林茂編、明石書店、一九八一年
註5『近世関東の被差別部落』石井良助編、明石書店、一九七八年
註6『徳川綱吉』塚本学、吉川弘文館、一九九八年
註7『日本の近世　7　身分と格式』朝尾直弘、辻達也編、中央公論社、一九九二年
註8『近世服忌令の研究』林由紀子、清文堂出版、一九九八年
註9 註8『近世服忌令の研究』
註10 ここであげた服忌の規定は、綱吉が将軍職について四年後に制定公布した一六八四年(貞享元)服忌令

註11『日本畜産史』加茂儀一、法政大学出版局、一九七六年
註12『これでわかった！ 部落の歴史』上杉聰、解放出版社、二〇〇四年
註13 註8『近世服忌令の研究』
註14『日本史大事典』青木和夫編、平凡社、一九九三年
註15『近代部落史資料集成 第二巻』原田伴彦・渡部徹・秋定嘉和監修、三一書房、一九八五年。

Ⅲ ケガレとキヨメ

第一章　再生機能を担う部落文明・部落文化

一　「部落文明」とは何か

ここまでⅠ部、Ⅱ部をとおして部落差別のメカニズムを解く中で、部落差別の観念的原理は、ケガレの忌避・排除にあることを見てきました。

そこに一つの疑問が生じます。それは、人はいつもケガレを忌避するだけなのか、という問いです。私は、そのような価値観を逆転する発想を持ちたいのです。ケガレの諸事象を「ケ・ハレ・ケガレ」のように循環する自然の秩序として考え直すということです。つまり、ケガレを忌避する対象としてではなく、本来自然の持つ循環システムとして理解し、部落の仕事を自然の循環に対応させ、ケガレの処理を自然にまかせておくのではなく、人間生活に有用な資材などに再生する文明とか文化としてとらえる視点です。そこに、本書の冒頭で述べた部落問題を解決する鍵がある、と思っています。たとえば靴やベルト、革ジャケットなどの皮革製品、薬品になる血液や内臓、肉料理のことを考えるとわかりやすいでしょう。これらは「忌穢」に触れて発生した資源であり、しかしすでにケガレではなく、人が誰でも使うハレの産物でありケ（日常性）でもあるということです。こうしたものを私は「部落文明」「部落文化」と呼んでいます。

私は、「部落の歴史と文化をまるごと認めること」が部落問題解決の道筋になると述べてきました。その話に入る前に、文明と文化について少し見ておきましょう。

比較文明学者の梅棹忠夫《うめさお》は、文明と文化を次のようにうまく概説しています。

　文明とは、自然に対して人間が作りだした装置群と制度群をふくんだ人間の生活の全体、あるいは生活システムの全体であり、文化はその中からうまれ、価値をあらわす(1)

文明論としてはフェルナン・ブローデル(2)の『文明の文法』がありますが、こちらは世界史における文明の差異や各論を展開するもので、現代文明論としては、梅棹がより的確にとらえています。とはいえブローデルは大文明、小文明、あるいは地域差の中で文明という語が複数形になるとし、複数形としての文明が「それまでとはまったく異なった新しい意味をもつようになる。すなわち、一集団あるいは一時代の集合的生活が示すさまざまな特徴の総体、という意味である」とする考えを示しています。これを小文明と呼ぶなら、私がいう部落文明はこれにあてはまります。そして梅棹がいうように、そこから文化、すなわち部落文化が生まれるのです。

このように見ると、部落問題にこれまでと異なった新しい観点が生まれているのがわかります。**全国に約六千部落といわれる江戸時代のキヨメ役の村（穢多・非人の村）は社会的機能としてケガレをキヨメる（ケガレを日常性に再生する）職業（＝公務）を行う文明的装置**と呼べます。全国に点在するキヨメ役の部落は全国各地の農・山・漁村・町という、それぞれ個性を持った共同体や地域、文明的装置の間にありながら、それらとはまた異なる独自の性格を持った部落＝共同体であり、文明的装置として、それらと並存する存在である、ということです。

そしてこの装置は地域全体にとって、つまりその地域の生活システムの全体＝小文明にとって、欠くことのできないものでした。ブローデルがいう「集合的生活が示すさまざまな特徴の総体」とはこのことをさしています。

これまでは、社会科学的角度から部落史や部落問題を分析する傾向が、運動団体を中心に強かったのですが、それに文明論を加味すると、まったく違った新しい視点――偏見をこえる認識――が生まれると私は確信しています。さしあたっての課題は、小文明を成り立たせる諸装置群、農山漁村町の間にある部落（キヨメ役）を、それらと同じ文明的存在として認めることです。

二　自然の破壊的な部分に対応した文明

文明が、自然と向き合う人間がつくりだしたもろもろの装置や道具、システムや制度である――ということに異論はないでしょう。そこから農・山・漁村・町にあるキヨメ役の労働・職業を見ていくと部落文明が具体的に浮かびあがってきます。

農山漁村は直接自然と接触し、自然が持つ人間にとっての「恵み」、自然が持つ建設的な部分を獲得する手段として、もろもろの道具やシステム、つまり文明をつくってきました。それに対して、ともに存在したキヨメ役の集団は、日本人（和人）がケガレと呼び、古くから忌避してきた事象に対応してきたわけです。

その事象は、自然が持つ建設的部分とは異なって、死や病気など人間がコントロールできない、自然が持つ破壊的な側面といえます。キヨメ役は、そうした自然の破壊的側面に対応し、たとえば斃牛馬、死牛馬を解体し、毛皮を生産し、それを使って防寒具や太鼓など皮革製品をつくりました。死んだ牛一頭、捨てるところは何もありません。毛皮はもちろん、骨は傘の柄や算盤の桁、あるいは装飾品に、爪も櫛やかんざしなどになります。毛は筆や和紙をすく簀子《すのこ》。脂肪はいうまでもなく油として行灯や油紙に利用されます。今も画材や工芸品の接着剤に使われる膠《にかわ》は皮を煮詰めてつくります。残った血液や内臓は土中で腐蝕させて肥料にしました。

杉田玄白の『解体新書』

牛馬の解体によって開発されたと推測される人体の解剖技術があります(3)。オランダの解剖医学書『ターヘル・アナトミア』を翻訳して『解体新書』を著し「近代医学の父」と呼ばれる杉田玄白は、この本の正しさを日本人を解剖して知りましたが、実際に解剖したのはキヨメ役(穢多身分)であり、彼が臓器の名前まで教えています。杉田はそのことを『蘭学事始』に書き残しました。

その日より前迄の腑分けといえるは、えたに任せ、彼が某所をさして肺なりと教へ、これは肝なり、腎なりと切り分け示せりとなり。

杉田のこの記述から、キヨメ役がその技術を持っていたのはまちがいなく、その技術によって杉田玄白たちの業績が確かなものになり、水準の高いものになったことがわかります。こうしたいきさつから杉田玄白を「近代医学の父」と呼ぶなら、当時のキヨメ役＝穢多身分を「近代医学の母」というべきでしょう。後で触れるように、江戸時代末期の長岡藩や新発《しば》田《た》藩でも、それぞれの藩医が解剖技術を身につけるためにキヨメ役＝穢多身分の指導を受けている様子が史料として残っています[4]。

これらは現代でも日本人が享受する重要な文化ですが、人や動物の死という自然現象に直接触れて開発された文明といえます。

これまで見てきたケガレは、犯罪など人為的部分が含まれるものの、多くは人間みずからの力がおよばない、自然の破壊的部分に対応した概念であることは確かでした。そして、江戸時代の職業的カテゴリーとしてのキヨメ役がこの部分に対処してきたことを考えるなら、こうした部落文明とは、**具体的ケガレのキヨメ＝ケガレを日常的に再生する文明**であり、農村文明、漁村文明、山村文明、都市文明などと並立した、人類にとって必要不可欠な文明であることがわかります。

三　エコシステムと文明システム

これまで私は、人間の生命維持にとって欠かせない自然の恵み――穀物や魚類、肉になる動物――を自然の建設的な「恵み」とし、人間の生命維持に不都合な要素を破壊的部分として「ケガレ」「気枯」「穢」といってきましたが、自然そのものの秩序・態系からすると、建設的な部分と破壊的な部分は分離できるものではありません。これを分離して考えること自体が、人間の側の都合でしかないのです。

こうした人間の身勝手な区分とは無関係に、自然は建設的な部分も破壊的な部分も、一定の秩序・態系を持って循環しています。それをエコシステムといいます。日本語でいう生態系です。

エコシステムでは、動物や植物の死滅、さらに鉱物の酸化を含めた生と死が、有機的に循環する姿がイメージされます。食物連鎖や群生、共生、あらゆる物質の循環がそのシステム、あるいはサイクルの中でくり返されます。日本人（和人）がケガレとして排除・忌避してきた「出血や死」が、エコシステムではそのサイクルに必要不可欠な一部として把握されるわけです。

たとえば、食うか食われるかの食物連鎖を見ると、これは弱肉強食としての生物間の大小や強弱をいうだけではありません。海の中で大きな鯨が死ねば、その屍はほかの小さな魚や微生物・プランクトンの母体となり餌となります。一つの生命体の死は、ほかの生命体、たとえば蛆虫や微生物、あるいは発酵した酵素などの誕生を意味します。

こうしたエコシステムに対して、大気汚染や地球温暖化、循環に五千年以上かかる核物質の開発など、文明としての科学の暴走が、自然の生態系を地球規模で破壊するようになりました。人類がつくりあげてきた文明が、みずからを滅亡に向かって突き進めている時代に、私たちは生きているわけです。

そうした状況の中で、人類にとって21世紀最大の課題が、再生（リサイクル）文化であるといわれます。

ケガレとエコシステム

このような時代に生きる私たちが変革を迫られている二つの事柄があります。一つは、金儲けがすべてという価値観を捨て去ること。二つめは奢《おご》りたかぶった傲慢さを反省し、自然との共生を第一義的に考える社会システムをつくることです。エコシステムに即した文明システムを現実化するのは決してかんたんでないとしても、少なくともそれを実現する理論や哲学を人類の責任として早急に構築しなくてはなりません。

そのためには、エコシステムの有機的な一部である「死」に対応した文明・文化、とりわけ和人社会の歴史の中で、直接そこに触れてきた部落文明・文化を、具体的にとらえなおしていく必要があります。

エコシステムの一部であった「死」に直面したとき、いかなる人もそれが避けられないのを知りながら、それをケガレあるいは「死穢」として忌避することに価値を置き、それに対応する専門職業者を「ケガレに触れた者もケガレ」として忌避、排除、差別してきたこの国・和人社会の愚を批判しないわけにはいきません。ケガレの忌避は、自然の循環システムに気づくきっかけを失わせるものであり、そしてまた、そうした社会的忌避に共生の文明や文化、哲学が生まれようはずがありません。

とはいえ、人類はどんな自然環境にあろうと、目前の自然に対応し、恵みばかりでなく破壊的部分、たとえば死に対しても、誰かがそれに触れ、思い、考え、試行錯誤しながら宗教や技術、そして哲学などを生み出してきました。

和人社会では、とくに江戸時代に、キヨメ役＝穢多・非人身分が、すべての人の社会生活を営むうえで必要な文明・文化を築いてきました。にもかかわらず、自分たちの目の前にあって、自分たちの歴史から生まれたものをなぜ無視するのでしょうか。玄白は『ターヘル・アナトミア』の図が正しいことを教えてもらいながら、なぜ、腑分けの老人の技術を評価しなかったのでしょうか。

近代ヨーロッパの文化・思想を取り入れることも大切でしょう。しかし、私たちは自分たちが生み出した歴史的価値を切り捨ててヨーロッパ文化の模倣だけでこと足れりとしてきたのではないでしょうか。

明治維新後、部落はおもな仕事を失い、差別と偏見にさらされながら、急速にスラム化していくわけですが、法制的に部落差別をなくしただけの明治政府の姿勢が、近代日本人の部落問題に対する本音と建前の乖離《かいり》となって現象していると思われます。

註1　『近代世界における日本文明』梅棹忠夫、中央公論新社、二〇〇〇年
註2　フェルナン・ブローデル　民衆の生活史を基底において、歴史を叙述しようとしたアナール学派の歴史学者
註3　「解剖のはなし」中村久子『部落史の再発見』部落解放研究所編、解放出版社、一九九六年
註4　『新潟日報』二〇〇四年三月二六日朝刊「部落差別を克服する認識」拙文

第二章　部落文化の個性

部落文化――それは江戸時代のキヨメ役の職業、すなわちケガレのキヨメから発生、派生したもろもろの技術、道具、芸能などの生活文化であり、それらが持つ価値＝物質的かつ精神的価値だといえます。いい換えれば、江戸時代から日本人の生活に溶け込み、さまざまな生活の場面で人々を支えてきた文化です。

部落文化は新しい概念です。今後も、この概念をより多様に、そしてより深く考察していきたいと思いますが、ここでは、公務から生まれた代表的なものとして、基軸となる部落文化を次の五つに分類してみます。

① 皮革文化

② 肉食文化

③ 人体解剖技術

④　危機管理機構

⑤　芸能文化

このほかにも、公務に対する給付・代償としてあったと考えられる「竹細工」「灯心」などいろいろとありますが、まずは、よく知られている皮革文化と肉食文化を取りあげます。

一　肉食文化と皮革文化

和人社会では七世紀から十九世紀後半まで、制度として肉食が禁止されていました。六七五年、天武天皇が命じた「牛・馬・犬・猿・鶏の肉を食べてはならぬ」[1]からはじまって、たびたび禁止令が出されます。しかし禁止令が出されること自体、和人社会が、実際には肉食を行っていたことを逆に示しています。天皇や貴族たちも「薬猟」として狩りをし、「薬肉」と称して肉を食べていました（桜〈馬肉〉、牡丹〈猪〉などの〝薬食い〟）。いうまでもなく縄文時代、弥生時代は肉食文化があり、したがって皮革の製造もありました。ところが、肉食禁止とともに、牛馬などを解体、加工する者が賤業視され、江戸時代にはその専業者が身分的に固定され、世襲的に差別されました。

綱吉による肉食禁制の徹底

徳川政権による「牛を殺す事禁制也」は肉食禁止の意味を持っています。五代将軍綱吉の「生類憐みの令」は、単に生きものを大切にする法令ではなく、肉食禁止と触穢意識を強めるものでした。

一六八五年の「鉄砲統制令」は生類殺傷禁止令であり、猟師だけに一定程度許されたものの、肉食や皮の利用は禁じました。猟師は狩猟の特権を認められましたが、触穢意識によって後に賤業視されます。

「生類憐みの令」の一環として、一六八七年には「捨牛馬禁止」と呼ばれる法令が出されていますが、それは「武蔵の村で病馬を捨てた者を死刑にすべきところ今回は流罪にしたことを全国に触れて今後を戒め(2)」たといわれるほど厳しいものでした。この発令によって、各藩でも斃牛馬が厳しく規制されただけでなく、死牛馬を処理する穢多身分に対する賤視観はますます増幅され、固定されました。さらに『徳川綱吉』で塚本は次のように述べます。

皮多の称号に代わって、えたと呼ぶのがこの頃一般化していくが、捨て牛馬禁令のなかでえた身分は改めて牛馬死体処理についての請書提出を求められていた。動物の皮や肉を利用しながら、その殺害や死体処理は汚れたこととして、（中略）いやしい身分だから獣肉皮の処理をさせるという考えであった

綱吉は一六九三年（元禄六）には「触穢令」と呼ばれるものを出し、肉食をケガレであり、忌避の対象として一般社会に強制しました。とはいえ、民衆も支配者も陰で肉食をしています。江戸時代は唯一彦根藩が屠畜を公認し、将軍や大名に肉（味噌漬など）を送っています。『日本畜産史』(3)には、「井伊家から将軍家をはじめとして親藩や老中へ寒中見舞として、あるいは彼らの所望によって、彦根牛の味噌漬の他に干肉、酒煎肉、粕漬肉が薬用の名の下にしばしば贈られている」とあります。また、『彦根市史』(4)にはその時期送った将軍や大名などの名前や肉の量が一覧表として示されています。その一部を紹介します。

一七九二年　寛政四年十二月五日	松平越中守（老中）	牛肉二桶
一七九八年　寛政十年一月	安藤対馬守→将軍	干肉

一八〇三年	享和三年五月	牧野備前守（老中）↓将軍	干肉
一八〇四年	文化一年一月	牧野備前守（老中）↓将軍	干肉
一八〇六年	文化三年十二月	松平定信	牛肉一曲
一八〇七年	文化四年十二月	佐竹壱岐守	牛肉粕漬一曲
一八〇七年	文化四年十二月	青木検校	牛肉味噌漬一曲　他

※曲とは小分け、小さい樽／筆者

このような彦根藩においても、屠畜労働はキヨメ役でした。そして差別されました。しかし、この労働から肉食文化が生まれ、解体後の原皮を利用した皮革文化が生まれたのです。差別されながらも文明・文化をつくり、発展させたわけです。

肉食の解禁

肉食が制度的に解禁されたのは一八七二年（明治五）ですが、それ以前から開港地横浜や神戸、あるいは首都東京では牛鍋などの肉食文化が盛んでした。それは開港地を経た欧米の肉食文化の影響と考えられています。確かにその影響はありました。明治政府による肉食解禁の動機が、政府が積極的に模倣した欧米文化にあったことは事実です。しかし私は、政治指導者のそうした姿勢が情けないと思います。その前から肉食文化があり、政府要人も食べていたのですから、その文化・習慣を公然と認めるだけでよかったのです。それは**「部落の歴史と文化をまるごと認める」**のと同じことなのに、なぜそれができなかったのか。これは現代にいたっても未だ考察されていない歴史的課題でもあります。

ともあれ、この制度的解禁によって肉食文化が一気に全国へ拡がります。そして、彦根藩の屠畜場はもちろん、江戸時代に各地キヨメ役の村にあった斃牛馬処理場での解体技術と場所が屠畜場として利用されました。こうしたキヨメ役の伝統が、現代の肉食文化を支えてきたのです。まさに、現代の肉食文化の基礎を「部落文化」が育んだといえるでしょう。

和太鼓に象徴される皮革文化

肉食文化を先に書きましたが、歴史的には斃牛馬処理から生まれた皮革文化が、部落の歴史の多くを占めており、和人の生活により深く、多彩に影響し、文化的価値を生んできました。とくに、皮革技術の中で**「鞣《なめし》」**の技術がもっとも重要です。

革という字は「あらためる」という意味があります。(5) 皮から革へあらためて生まれ変わる。「革新」とか「革命」という言葉に革が使われるのはそのためです。「鞣」は字の構成でわかるように、「柔らかい革をつくる」という意味を持ちます。革を柔らかくすることで加工できるようになり、さまざまな皮革製品・生活道具が生産され、文化が生まれます。しかも皮は腐るが革は腐らない。そこに「鞣」の技術があり、江戸時代のキヨメ役はこうした技術を持ち、文化を創造してきたわけです。

もっとも代表的で、もっとも広く利用され、気づけば誰もが納得できる皮革文化は、本書の概説でも触れましたが、和太鼓の文化でしょう。和太鼓は今でもほとんど被差別部落でつくられています。そして、日本人、とくに和人社会では、現代でも和太鼓がさまざまな祭りや行事に用いられています。

戦国時代に諸大名が「かわた」を重宝したのは、戦に欠かせない鎧《よろい》や乗馬用の鞍《くら》をつくる技術を持っていたからです。現代でも用いられている皮革製品の基礎はやはり部落の技術であり、文化でした。

肉食文化と皮革文化の歴史は、これまでの説明で基本的なことは理解できると思いますが、重要なことは、差別の中から生まれたこれらの文化が、明治維新以降どのようなプロセスを経て現代にいたっているか、ということです。とくに、食肉（精肉）の生産と流通がわかりにくいという人によく出会います。そうした状況が今もあると思われるので、東京品川にある芝浦屠場の歴史を少し触れておきましょう。

屠場と部落問題——「お肉の情報館」をめぐって

東京のＪＲ品川駅南口近くに芝浦屠場があります。正式には東京都中央卸売市場食肉市場といわれるところです。私がはじめてそこで聞き取りをしたのは二十四、五年前。その頃の品川駅南口は閑散として、工場や倉庫以外に生活感のあるものといえば、屠場までの道路沿いに何軒かの焼肉屋の看板が目立つくらいでした。

芝浦屠場は広い敷地を持ち、全国各地の屠場を回っていた私の目には立派な建物に見えましたが、それも当然で、そこは当時から一千万人をこえる住民を持つ東京都と周辺住民が日々食べる食肉を一手に引き受ける全国一の屠場であり、東京都が運営しています。

けれども、そこはまた、日本社会の矛盾が未解決のまま放置され、無視される労働現場、生産現場でもありました。それをどのように解決し、民主的な職場にしてきたのか、そのプロセスを部落文化の視点から見直したいと思います。

実はあるとき、そうした見直しを考えるきっかけがありました。

二〇〇七年二月、ある町の生涯教育のグループとともに、部落文化の認識を深めるフィールドワークとして芝浦屠場の中にある「お肉の情報館」を久しぶりに見学したときのことです。そこで行われた東京都職員による情報館の説明を聞いて、これでよいだろうかという感想を持ちました。

情報館は決して大きいものではありません。けれど、それをつくるために、部落解放同盟品川支部や全国一般全芝浦屠場労組がどんなに苦闘したかを知っている私には、大きな不満が残りました。

両運動体は、屠場とその関連業者への偏見と差別を解消する目的で、「食肉文化館」を東京都につくらせる運動を一九九四年からはじめています。ドイツやフランスの屠場を見学したとき、屠場が住宅や行政機関と同じように地域社会に調和している様子を知ったのがきっかけでした。結果として、当初の構想をだいぶ変更しながら八年後(二〇〇二年)、都立の「お肉の情報館」として完成したわけです。そこには、都民の食肉を支える屠場労働者の働く姿や解体作業の道具などが一目でわかるパネルと一緒に展示されています。両運動体の目的を一歩二歩と後押しする文化施設になってほしいと願いました。

それから五年たった二〇〇七年二月のこと。AVルーム(談話室)で都職員が館の説明を行いましたが、その内容は、「都民の肉食生活がここで支えられている」、「BSE検査を全頭行っている」ことなどで、それはそれでよいとしても、屠場への偏見や差別、つまり全国的に部落問題として行われている啓発課題がまったく抜けていたのです。館には屠場労働者への偏見を批判する展示もされています。にもかかわらず、職員はそのことには触れません。「やはり触れにくいのか」といった感想を持つ人がいるかも知れない——そう感じた私は、その場で「食肉文化とともに屠場差別を克服するよう一人ひとりが考えてほしい」と話して説明を加えました。

しかし館は常設ですし、職員の説明程度では足りないものがあると思い、両運動体の結成時から「お肉の情報館」設立や、その後の運動も含め、つねに中心的役割を果した青木郁夫氏（現・部落解放同盟品川支部長）に状況を聞くことにしました。

注：現在は、「お肉の情報館」での説明は屠場労働者が行うようになった。

「語りにくさ」を克服する手がかりは

川元「情報館の職員の説明で部落問題が抜けていたんだけど、どうしてだろう」

青木「知らないいんだよ、部落問題があるのを。都が同和対策として位置づけなかったのがひびいているんだ」

川元「職員の『同和』研修はこの会場を使ってやっているんでしょう?」

青木「俺たちが講師でやっているんだ」

川元「そうでしょう。それを思うと知らないとはいえないでしょう。意図的に話さないか、話しにくいものがあるとか。個人差はあるだろうけど」

青木「本気でやる気があるかどうかだろうな」

川元「最近の部落問題啓発の講座でも、本気でやっているのだろうか? といった声をよく聞きますね」

青木「精神的なものが足りないよね。心がこもってないというか…」

川元「そうだと思う。運動でも物質的価値にとらわれがちな人がいる。文化面でも物的資料などを重視する学問は大切だけど、人間の生活はそれだけじゃない。物だけでは見えない心や精神を大切にしないと何も解決しないと思いますよ。はっきり部落民の心と私はいいたいけれど、これを取り戻したり気づいたりするためには、どうしたらいいと思いますか」

青木「心は物じゃないけど、物でも表していける。情報館の展示物はそのためにあるんだ。差別されながら部落民が江戸時代から果たした食肉文化とか、現代の屠場労働者が担っている社会的役割をしっかり知らせ、認識してもらって社会の調和を実現する。それがわれわれの気持ちであり『お肉の情報館』が伝えたい心だね。説明する本人がその心をしっかり理解していれば、説明しにくいことはないはずだよ」

川元「初期の食肉文化館にはそうした心や精神性を含んだ文化としての発想がはっきりあったと思いますよ。情報館だとそこがいまいち、という感じがしないでもない。私はそうしたものを大きく含んで『部落文化』といっていますが、全国の部落で江戸時代からの部落文化を見つけ、地域社会との調和や関係性を表し、語り合う文化館を地域社会との協力でつくることがあってよいと思いますよ。大阪の人権博物館のような大規模なものもいいけど、地域に見合った生活感のあるものが大切だと思いますね」

青木「食肉文化館は博物館の構想だったので、東京都ではこれ以上つくれなかった。それで今のようになったが、解放運動としては、名称はどうあれ、最初の発想に向かってこの館を充実し発展させるつもりなんだ」

「お肉の情報館」がつくられるまでと、そこに込められた部落解放運動と屠場労働者の心や精神がどんなものかわかる話です。と同時に、部落の歴史と文化、あるいは文明を理解することがいかに大切なことか、痛いほど感じる話だと思います。
視点を全国に移しても、部落問題が話しにくかったり、難しいと思っている人はまだまだたくさんいます。原因はさまざまですが、おおむね差別だけに視点がゆき、マイナスイメージを増幅してきたためでしょう。私は、それぞれの地域で部落文化や歴史を聞き取りで発見し、それを軸に地域社会の関係性や調和・共感を描き出し、文化的価値を語り合うことの大切さを感じています。それによって、部落問題への関心を高め、部落問題の「語りにくさ」を克服する手がかりをつかむことができるはずです。

東京都中央卸売市場食肉市場・芝浦と場ホームページ
〈http://www.shijou.metro.tokyo.jp/syokuniku/syokuniku_top.html〉

二　日本近代医学の母―人体解剖技術

「父」だけでなく「母」がいた

江戸時代の医者杉田玄白がオランダから入ってきた人体解剖書『ターヘル・アナトミア』

を苦労して翻訳し『解体新書』（一七七四年）を著したことから「日本近代医学の父」と呼ばれている のは先に書きました。しかし、「日本近代医学の父」と呼ばれる人は、杉田玄白一人ではありません。

たとえばオランダ商館医として一八二三年（文政六）に来日したシーボルト。彼は、診療所を兼ねた医学塾を長崎に開設して多くの日本人にヨーロッパ近代医学を教え、日本医学の近代化に貢献しました。また、現代ではガンの治療でよく知られる北里大学病院創立者の北里柴三郎も明治初期、ドイツに留学し、破傷風菌など伝染病の免疫発見で評価されています。野口英世もそのように呼ばれますし、人体解剖書に関連していえば、杉田たちより十五年前、京都で『臓志』（一七五九年）を著した山脇東洋も「日本近代医学の父」と呼ばれています。

こうした場合の「父」は先駆者という意味であって、激動の時代に先駆者がたくさんいることは別におかしくはありません。しかし「父」がいて「母」がいないのはどうしてでしょうか。ついそう思ってしまいます。近代初期の医者が男ばかりだったせいでしょうか。

しかし、この「日本近代医学の父」という言葉にはかなり強い象徴性がありそうです。だからこそ多くの「父」がいておかしくありません。そして、そうした象徴性からすると「父」と「母」がそろっていた方がより良いのではないでしょうか。

そこで杉田玄白の例から、私がいう「日本近代医学の母」像を想定してみようと思います。杉田が晩年書き残した『蘭学事始』（一八一五年）に、その根拠を見ることができます。

日本近代医学の母は「キヨメ役」

実のところ、当時の医者、杉田玄白や前野良沢などは、オランダ語の『ターヘル・アナトミア』が読めなかったのですが、そこには人体の解剖図が描かれており、この図が正しいかどうか確かめたいと思っていました。そこで、罪を犯して処刑された人の解体を計画します。そのとき彼らの前で、刑死した日本人を解剖し、その図が正確なことをその場で教えたのがキヨメ役（穢多身分）でした。『蘭学事始』には、穢多身分の虎松の祖父が解剖して内臓の名前などを教えた様子が書かれています。杉田たちは手に持つ『ターヘル・アナトミア』と見較べ「良沢と相ともに携え行きし和蘭図（『ターヘル・アナトミア』のこと／筆者）に照らし合わせ見しに、一つとしてその図に聊か違ふことなき品々なり」と記しています。

これがきっかけで『ターヘル・アナトミア』に大きな意味があることがわかり、翻訳に力が入りました。その『蘭学事始』の中に杉田は「その日より前迄の腑分けといえるは、えたに任せ」とも書いているわけです。こうした記述や時代背景からして、当時のキヨメ役＝穢

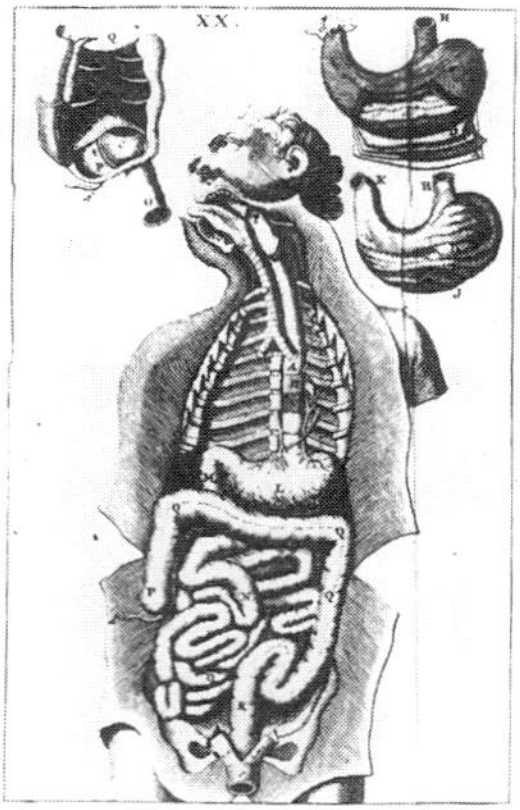

『ターヘル・アナトミア』
消化器官

多身分が「日本近代医学の母」と呼ばれてよいはずだ、と私は提唱しています。当時の穢多身分は「御用」「役目」としてケガレ（死穢など）のキヨメを職業とし、刑死した人間の解剖もキヨメ役の専門的職能・技術のもとに行われていたことが、杉田の記述からわかります。

私がこのような提言をするのには、ほかにもいくつかの根拠があります。そうした事例を取りあげていきましょう。

藩医がキヨメ役と相談—新発田藩

現在の新潟県新発田市は江戸時代は新発田藩でした。その藩の公式記録「月番日記[6]」の一八三一年（天保二）に次のような記述があります。

御城代江坂上昌元義医術為修業斬罪之御仕置者有之節解骸心見度旨伺出候付〇〇（不明

／筆者）寺社奉行江評義申達候（中略）解骸聞済候義何之差支筋有之間敷哉之評議申聞候付昌元江穢多相対ニ而勝手次第致候様可相達旨建候事

「新発田藩の藩医である坂上昌元は、医術の修業のため、斬首の死罪になった者がいたら死体を解剖して体内を見たい、と城代家老に申し出た。それを寺社奉行で評議した。寺社奉行は、解体について何の支障もないが、穢多身分とよく相談したうえで行うよう坂上昌元に通達した」

この通達によって坂上昌元と穢多身分がどのような話をしたのか、実際に解剖が行われたのかどうか、後の記述がないので結果はわかりませんが、少なくとも一八三二年（天保三）頃、新発田藩で刑死の死体を解剖するには、藩医といえども勝手にはできず、穢多身分と「相対」に相談（あるいは立ち会い）することが必要だったのがわかります。

こうした事例と、杉田玄白の先の記述を考え合わせると、江戸時代における人体解剖において、穢多身分がどんな位置にあったのかが推定できます。

ある女性の解剖図――長岡藩

新発田藩に近いところにある長岡藩（現・新潟県長岡市）では、一八三二年（天保三）、刑死した男性の解剖が藩医によって行われました。解剖された身体の内臓、いわゆる五臓六腑といわれた臓器が、藩の絵師・辰巳《たつみ》教祇《きょうぎ》によって、あざやかな絵巻物として残っています。絵巻物の巻頭には「藩医新川俊篤自カラ刀ヲ執リ」と記されています。このときは、医者である新川俊篤（順庵ともいわれた）が自分で執刀・解体しました。

ところが、長岡藩ではもう一つ絵巻物が残っています。女性の解剖図が、辰巳教祇とは明らかに違う筆致で描かれているのです。これら二つの絵巻物は藩医新川俊篤の末裔の新川家に現在も残っており、私はそれらを新川家で見せてもらい、撮影もさせてもらいました。

女性を解体した絵巻物には説明文がなく、奥書もありません。そのため解剖が行われた年代も、絵巻物が描かれた状況も不明ですが、男性の解剖とあまり違わない時期だろうと考えられています。

新潟大学医学部などを主体とした新潟県内の白菊会機関紙『にいがた　しらぎく』十九号(7)は、長岡の藩医による人体解剖の先駆として一八三二年の男性の解剖を取りあげながらも、女性の解剖について「長岡藩では、これと前後して時代は不詳ということでございますが、もう一回、女性の囚人の死罪後の解剖が行われています」と説明しています。

この女性の解剖絵巻物の巻頭には、解剖をした現場の人物や設備、道具などを描いた情景図があります。そこには人名や設備の名などが書き込まれていますが、残念ながら文字が判

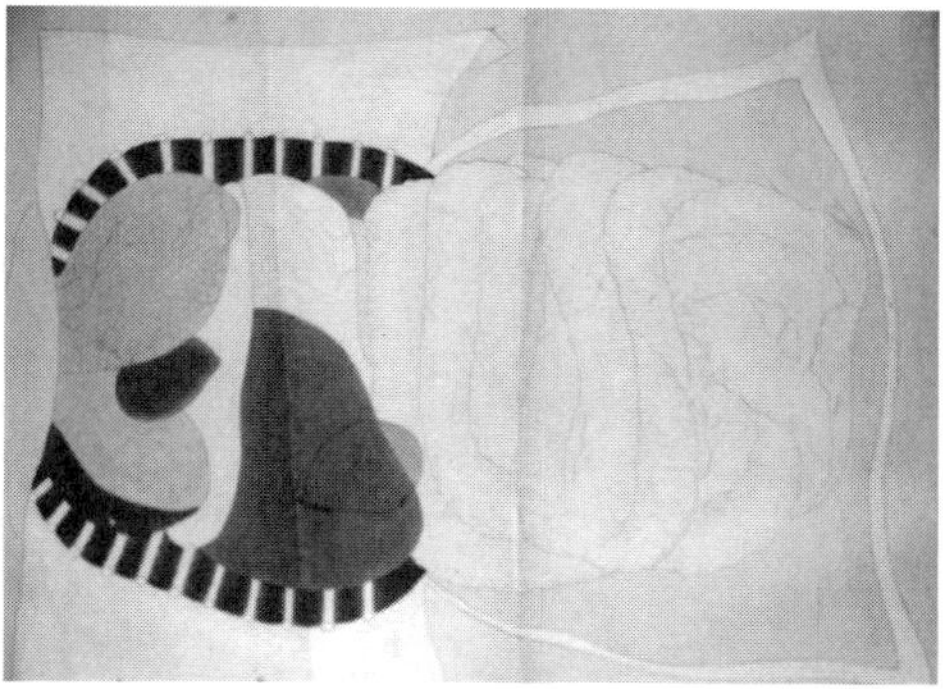

新川俊篤が解剖した男性の内臓。新川家所蔵。

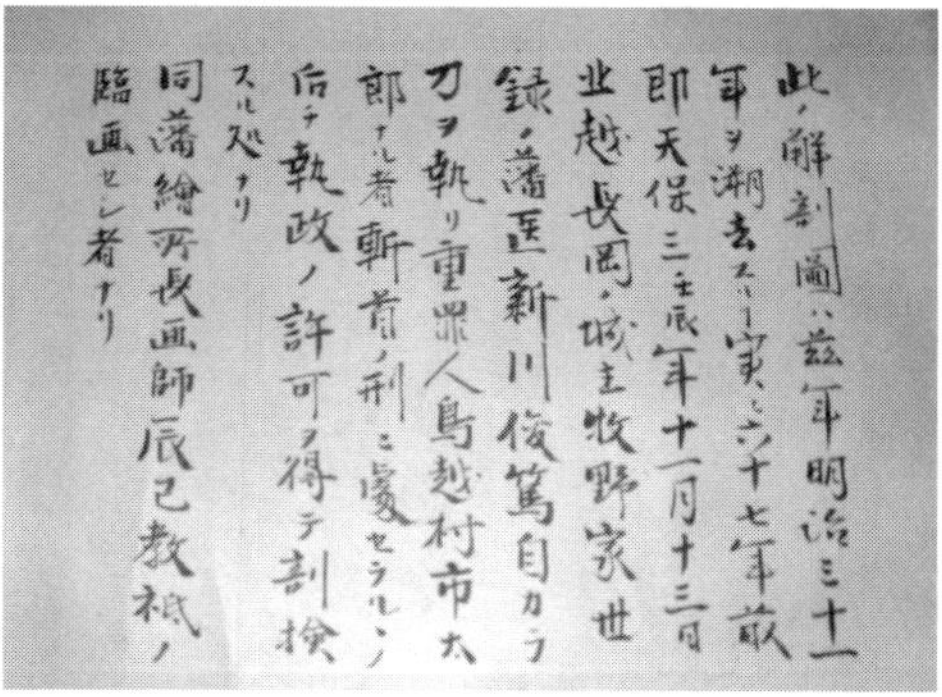

此ノ解剖圖ハ茲年明治三十一
年ヲ溯去スルコト実ニ六十七年前
即天保三壬辰年十一月十三日
北越長岡ノ城主牧野家世
録ノ藩医新川俊篤自カラ
刀ヲ執リ重罪人島越村市太
郎ナル者斬首ノ刑ニ處セラルゝノ
后チ執政ノ許可ヲ得テ剖検
スル処ナリ
同藩繪所長画師辰巳教祇ノ
臨画セシ者ナリ

新川俊篤が解剖したことを記録している。
新川家所蔵。

読しにくい部分があります。

人物の足元、図の真ん中に斬首された女性の屍が「柴ムシロ」と書かれた敷物に横たわっている。それを取り囲む七人。

左の机に座った二人が絵師。ほかの五人のうち名前が書かれていない人（正面の左側）は助手的な人と考えられます。そのほかの人は名前が書かれていて、そのうち右側で囚人籠の前に立ち、ムシロの外にいて巻物らしきものを持つ人は「穢多…小政」と書かれています。また、タスキ掛けの正面右側の人と手前に立つ二人、合計三人が藩医で、この中に新川順庵（俊篤）がいたと考えられます。

ほぼ中央で巻物らしいものを手に持ち羽織を着た「穢多・小政」。着物の裾《すそ》をかざしている人物が、この場面で中心的な位置にいることがわかります。そして、少なくとも小政の前の三人の視線が彼に向いています。この表情から、三人が小政の指図か教示を待っていると推定できます。しかも彼らの足元に横たわる屍は、まだ何も手がつけられていません。つまり、この絵は、今まさに人体解剖がはじまろうとする、その直前の絵と考えられます。

ちなみに、この絵に続く図面は、全部で二十六図面の絵巻物となっていて、現代でも人体解剖の執刀手順といわれる、胸元からはじまり肋骨の内側へと切り開いたところが描かれています。

　ここに立つ「穢多・小政」に、杉田玄白の言葉「その日より前迄の腑分けといえるは、えたに任せ」と、新発田藩の寺社奉行が通達した「穢多相対ニ而」を重ねて考えると、その意

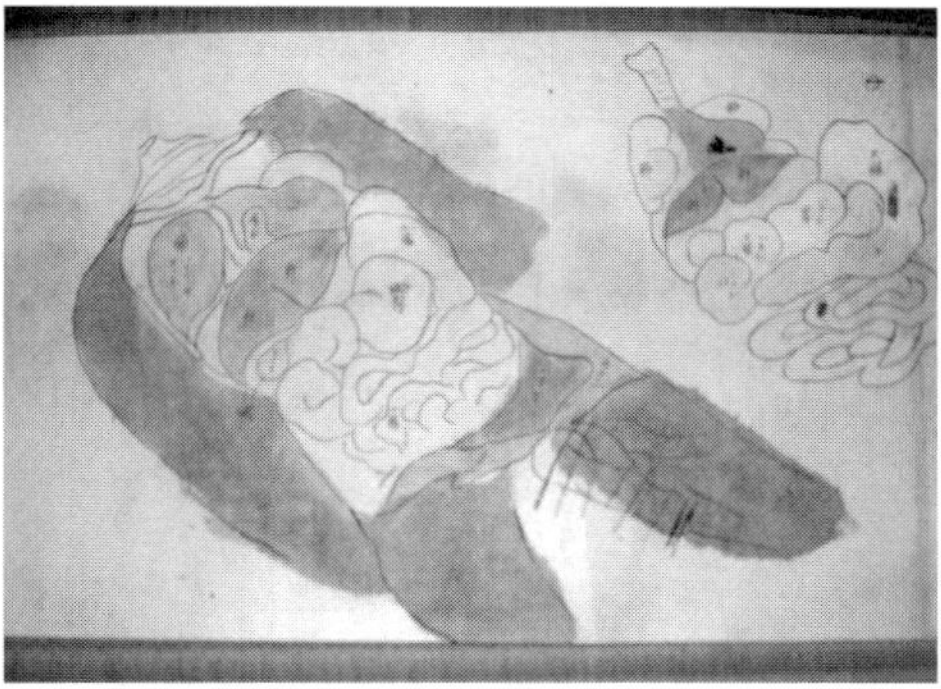

女性解剖図の内臓。新川家所蔵。

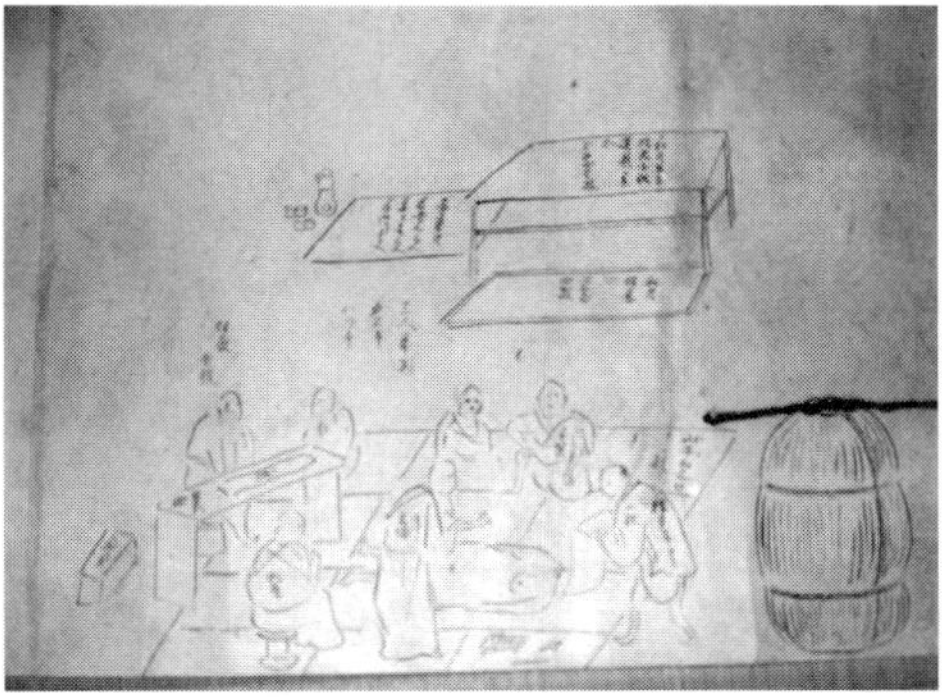

女性解剖の現場図。右中央に立つのが
「穢多小政」新川家所蔵。

味と役割が読み取れると思います。

これは私の推測ですが、男性の解剖を新川俊篤が行ったのが明らかなことからして、藩医が小政の指図を待っているかに見えるこの女性の解剖が、男性の解剖より先に行われ、そのことで人体解剖を見習った新川俊篤が、次に自分で執刀したと考えるのが順当でしょう。

米沢市の解体供養碑

最近ＮＨＫの大河ドラマ「天地人」で話題になることが多い山形県米沢市。そのＫ町は江戸時代のキヨメ役（穢多・非人身分）の居住地でした。当時は皮革生産をはじめ、町の警備役などをしていたと思われますが、明治になると一方的に仕事を奪われ、生活困窮におちいりました。松本治一郎が訪れた写真も残されています。

このＫ町から八百メートルくらい離れた最上川沿いに小さな公園があり、その一角に「解體供養碑」が建っています。これは一八七一年（明治四）に建てられたもので、そこは前年（一八七〇年）米沢の医師が明治政府に申請し、許可を得て刑死人の解剖を行った場所であり、刑死者の供養のために建てられたものです。

江戸時代、ここが刑場でした。そして、江戸時代中後期、この場所で米沢藩医による人体解剖が二回行われています。石碑には「米沢藩における解剖の歴史は古く、鷹山公の時代に死罪人を解剖した記録がある」と刻まれています。鷹山公とは九代米沢藩主・上杉鷹山《ようざん》のことです。

米沢藩では堀内家が代々藩医を担い、この一族が書いた「堀内文書」に解剖のことが書かれているらしいのですが、それは公開されておらず、部分的な研究が行われているだけです。そうした中で『米沢藩医史私撰』(8)という本に、藩医堀内家三代目易庵忠智が二回解剖したと書かれています。

一回目は一七六四年(明和元)。このときは骨格と関節の観察だけでした。二回目は一七七九年(安永八)。このとき内臓の観察、「五臓六腑」の観察を行っています。

ここで人体解剖を直接行ったのは誰だったのか。易庵が行ったのか?『米沢藩医史私撰』には「易庵の他にも、藩医の誰かがともに解剖に立会い観察したのかもしれないが、これも明らかでない。この時代であるから自らメスをとって解剖したのではなく、刑場の死刑執行人―屠者が刑屍を解剖して、いわゆる腑分けを行い、それを観察したのであろう」とあります。つまり、ここに書かれた屠者は杉田玄白が「すこやかなる老屠」と書いたのと同じと考えられ、そして杉田はその人が「穢多」であることをはっきり示しています。

獺を解剖した山脇東洋

日本人の医者で、最初に公的な人体解剖に立ち会い、解剖図を本にした人物が、先に触れた山脇東洋です。『臓志』（一七五九年）という本ですが、今日から見ればその解剖図はあまり正確でないとされています。この本について『近代日本医学のあけぼの』[9]は次のように書いています。

わが国最初の科学的な人体解剖観察記録。宝暦４年（１７５４）閏２月７日、京都西郊で嘉右衛門という罪人の刑屍の解剖を観察した直後に記録を整理し、自己の見解を加えて『臓志』と題した

この引用文を注意深く読むと、「人体解剖観察記録」となっており、「解剖を観察した」と書かれています。山脇東洋は自分で執刀したのではなく、杉田玄白たちと同じく、誰かが執刀するのを観察していたのではないか。そんな疑問が浮かびます。

当時の文書や図画、解剖図などを詳細にあげている『図録　蘭学事始』[10]は、山脇東洋が実証主義者（当時これを古方家といった）であったことを、『臓志』の記述から次のように述

べています。

「東洋はまず人間に内臓が類似しているという、獺《かわうそ》を解剖して実証的医術を試み、さらに刑屍の解剖に立ちあって」

興味深い記述です。山脇東洋は人体の内臓を実証的に把握するため、まず獺を解剖したというのです。人体解剖の許可を京都の所司代に東洋が願い出てから、幕府の許可がおりる一七五四年まで十五年の歳月がかかったということですから、東洋は、先に獺を解剖して研究しようとしたのではないかと推測されます。

『臓志』には「屠者をして之を解かしむ」と書かれています。私はそれを『部落史に学ぶ2』から知ったのですが、ここでいう「屠者」とはつまり当時の穢多・非人身分のことです。したがって、東洋の場合も当時のキヨメ役が執刀し、そこに東洋が立ち会ったわけです。(11) 東洋の業績を論述した『京医師の歴史』(森谷尅久著)は、このときの東洋について「ついにかれみずからはメスを執ることはなかった。執刀の者は、奉行所の処刑に立ち会う卑しい身分の男であった」と書いています。

キヨメ役の技術と協力

「日本近代医学の父」といわれる人々、杉田玄白や各地の町医者の解剖技術は、江戸時代のキヨメ役（穢多身分）の人体解剖技術にはじまり、それが伝授されたことがわかります。そうした協力者として、あるいは近代医学を出発させた者として、江戸時代のキヨメ役（穢多身分）を「日本近代医学の母」と呼ぶのは決して無理な話ではないと思います。

では、江戸時代、人体解剖の専門的技術者だったキヨメ役（穢多身分）は、その技術をどのようにして身につけたのでしょうか。その過程は今のところ不明ですが、人間と同じ哺乳動物である牛や馬、鹿などの解体処理は専業であり、その技術を人体解剖に応用することは可能だったと思われます。また、八世紀から牛・馬などの屠畜が禁じられたとはいえ、それ以前からこの国には肉食文化があったし、禁止後も人々は陰の文化として肉食を続けていました。そうした中で、哺乳動物の内臓名も当然伝わったと思われます。

人体については、鎌倉時代に書かれた『頓医抄《とんいしょう》』という書物に、五臓六腑の絵とともに肺や心・肝・脾などが書き込まれています。[12] こうした本が書かれるには前提となる文化・技術が必要です。江戸時代のキヨメ役が専門技術者の自覚を持って、こうした本から技術・知識を学んだのか、あるいは逆に、鎌倉時代に検非違使の現場などで活躍したキヨメが、そうした技術・知識を教示してその本ができた、とも考えられます。

三　生活の危機管理、その現場

危機管理を大きく区分すると、国境などを対象にする場合と、人々の日常的な社会生活領域を対象にする場合とがあります。前者は軍隊が対応し、後者はおもに警察が行います。部落問題でいう危機管理は後者になります。

人々の暮らしの中で危機管理を文化として見るかどうかは、非常に難しい問題です。それは、支配機構の一環として政治的にシステム化されてきた長い歴史を持つからです。

しかしその理想像は、それが全面的な国家支配として行われるより、民衆の側による自主管理である方がより民主的といえるでしょう。そうした理想像を持ちながら、この国・和人社会の危機管理の歴史を振りかえってみたいと思います。

古代の検非違使の時代から江戸時代まで、和人社会の危機管理・警察機構の現場は下部《しもべ》、非人または穢多が公務として担ってきました。

弾左衛門が幕府と契約するかたちで提出した「御役目相勤候覚」にあったように、江戸時代キヨメ役の職業、すなわち公務の一つに下級警察業務があります。『日本の警察』[13]は、江戸時代の奉行支配下の現場を「実際に現在の巡査の役職を果たしているのは、主として各奉行所の配下に属する同心・岡引・穢多等であって」と書き、さらに次のように記述しています。

この同心の指示に従って動くのは、岡引といわれるもので、あるいは、目明しともいわれ、（略）犯人の逮捕にこれつとめた。こうして捜査の結果犯人の逮捕の段階になると、これはもはや岡引の役職ではなく、当時これをとらえることは不浄なこととして極度に嫌い、捕縄をもって岡引に随行した穢多の仕事であって

「当時これをとらえることは不浄なこと」と、記しているところに忌穢・触穢意識が表われています。つまり、犯罪はケガレ（罪穢）であり、犯罪者を捕らえることはケガレに触れることだからです。そのため忌避するわけですが、考えてみればこの発想は実におかしなことで、生活者が主体性を失っている姿そのものだといわねばなりません。

こうしたゆがんだ発想が前提にあるものの、町や村を守る警固役や警備役をキヨメ役が担った歴史は長く、全国的に見れば、皮革生産業務よりも、こうした警察業務の方がはるかに

多いのです。

近代警察機構に欠けているもの

これら全国のキヨメ役による警察業務が、明治政府が出した「太政官布告」(一八七一年)いわゆる「賤民解放令」によってなくなり、その後、脱亜入欧思想のもと、明治政府がパリやニューヨークの警察機構を模倣し、巡査は町人や旧下級武士などから採用しました。

このように、近代になって断ち切られた部落の歴史が、キヨメ役が警察業務に携わっていたことの意味を、見えなくさせています。『日本の警察』に見るように、キヨメ役に対する不浄観や差別観が近代になって反省され、克服されて警察業務が再編されたのではなく、国家主導によって、欧米文化が表面的に模倣されたわけです。一方で自由・平等という西欧思想を輸入し、近代化しても、部落に対する古い観念が抜け切れなかった理由は、そうしたところにも潜在するといってよいでしょう。

江戸時代の警察機構は、これまで見てきたように、国家支配、あるいは藩支配のシステムとして機能していました。近代になっても民衆の生活を守る危機管理は、欧米の模倣という手段を取りながらの国家支配だったわけです。

しかし、本来、民衆の生活の中にある危機管理は、国家に頼るのではなく、民衆が自主的に危機管理を担うのが基本に据えられるべきだと思います。

視点を変えてみれば、この国で、とくに和人社会で民衆による危機管理が成り立たなかったおもな理由が、自分たちの町や村を警備するキヨメ役をその社会から排除し、差別してきた結果だといえないこともないのです。その意味で、部落の歴史と文化を取り入れた民衆主体の危機管理が構想されなくてはならないでしょう。

加害者としてのキヨメ役

とはいえ、部落を含めた自主的危機管理のあり方を考えるとき、地域それぞれの共同体の歴史を語りながら克服しなくてはならない課題があります。

たとえば、幕末から明治初期、各地で頻発した農民一揆に対して、キヨメ役が権力の手足として民衆の反乱・抵抗を弾圧する側にいた例が、少なからずありました。それは、各地の村史、町史、県史などに書かれていますし、決して隠されていることではありません。

佐渡相川《あいかわ》のキヨメ役＝警備役の例で見ますと、町の安全だけでなく、幕府の側に立って金山労働者の反乱・抵抗を取り締まっていることもわかります。

『佐渡年代記』の一八六〇年（安政七）では「江戸水替廿四人、小屋場逃去在中え罷出、（略）翌四日八時迄小屋場へ召連帰る。町同心六人出役、其外非人ども多人数」とあります。

また、江戸時代初期キリシタン弾圧を意図した「宗旨人別改帳」「別帳」によって厳しい差別を受けたキリシタンと穢多・非人ですが、江戸時代後期になると、キリシタン弾圧の歴史でよく知られる「浦上四番崩れ[14]」などで、キヨメ役は弾圧する側にいました。『論集長崎の部落史[15]』は、当時キヨメ役が住んでいた地域を示して「この一角はある面からいうと、キリシタン達を監視し、弾圧するための橋頭堡、拠点であったといえる」としながら、下級警察業務としての「捕手」＝「公事方掛」の「手付」としてキリシタンを捜索、捕捉する様子を細かく描いています。

このような例に見られる加害者としてのキヨメ役の歴史を「加害と被害でプラス・マイナスゼロだ」とか「民衆分断政策だから権力が悪い」といった平板なとらえ方だけですますなら、部落差別を克服する思想は生まれないでしょう。

「自警団」の反省

もう一つ、地域社会の自主的危機管理の理想像を考えるにあたって、避けては通れない大切な課題があります。

それは、一九二三年（大正十二）九月一日の関東大震災のときに、政府が発令した「戒厳令」を契機に、おもに関東地方各地で民衆が結成した「自警団」です。地震の被害は死者・行方不明一五万人近くに上るといわれ、甚大なものでしたが、「自警団」が結成された動機は、被害からの復興が目的ではなく、地震発生直後から在日朝鮮人が日本人への逆襲のために井戸に毒を撒くという、根拠のない流言・デマが飛び交ったことにありました。

東京、神奈川などの都市部だけでなく関東地方の農村にも拡がった自警団が、約六千人にのぼる在日朝鮮人を、残酷な手段で虐殺したのです。

こうした卑劣な行為の背景には、一九一〇年にはじまった朝鮮植民地下での日本人による朝鮮人に対する差別がありました。だからこそ、日本人は自分達が朝鮮人から恨まれているという意識を持っていたのです。そうした意識から「日本社会で虐げられてきた朝鮮人が、震災を千載一遇のチャンスとばかりに日本人に対する逆襲を行う」(16)といった根拠のない流言・デマが流れ、日本人の間に逆説的な強迫観念を増幅させたと思われます。

ここには、差別する日本人の心理的「逆作用」ともいうべきものが見られますが、これは日本人・和人一般が持つ部落民への心理とほとんど同じです。「部落民が怖い」という声をよく耳にしますが、それは自分たちの内面にある差別観、あるいは差別とまでいかないまでも、共感の場や言葉を持てない疎外意識の投影といえるからです。

ともあれ、日本人がめずらしく持った民衆による危機管理組織（内務省警保局の指示があったとする見解もある）としての「自警団」でしたが、それがいかに差別的であり、陰惨なものだったかを謙虚に反省しなくてはなりません。

この「自警団」は部落差別もしています。関東大震災から二年後の一九二五年一月、群馬県世良田《せらだ》で、**「世良田村差別襲撃事件」**が起きました。

「貧乏はしててもチョウリン坊（旧穢多身分への関東での蔑称／筆者）とは違う」といった差別発言に対して関東水平社の糾弾が行われ、啓発のための講演会などが計画されていました。しかし、反省、謝罪を拒んだ周辺住民が、大震災後につくられた「自警団」によって、部落を襲撃、打ち壊しをした事件です。(17)

このように、少し前の時代に日本人・和人が体験した民衆による「自警団」を見ても、それは非常に閉鎖的でゆがんだものといえます。これは、日本人・和人の精神的劣化を反映したものといえるでしょう。こうしたゆがみを克服し、人と人とのつながりや、互いの民族の歴史と文化を知り、違いを認めながら共存する社会の実現に向け、一人ひとりが主体的に考え、取り組むことが大切です。

四　日本伝統芸能の原点―部落の伝統芸能

部落の伝統芸能を調査研究し、復活を呼びかけるために「伝統芸能研究千町の会」(せんちょうのかい)を結成して、今年(二〇〇九)で十五年を迎えます。

部落の伝統芸能とは？　と尋ねられて、すぐ思い浮かべられる人はどれだけいるでしょうか。これまでは「部落の文化が差別で奪われた」といわれてきました。確かに、江戸時代などの書物で「零落した芸」とか「乞食芸」などと書かれていますし、明治維新以降はそれらが無視される傾向がありました。とはいえ、そうした歴史によって奪われた文化がどんなものだったのか、全体像として明瞭でなかったと思います。

私は「部落の伝統芸能」というカテゴリーを明確に成立させることで、日本の伝統芸能の世界を見直したいと考えてきました。部落の伝統芸能としてあげられるのは、正月の門付芸・祝福芸です。門付は神々の使いとして人々の家の門に立ち、人々が災いなくすごせるよう幸せを祈ります。具体的演目では中世的賤民の世界から続くものが多く、キヨメ役がおもに演じた（ほかの身分が演じた例もある）のは基本的に神観念を持った**万歳、春駒、エビス舞、獅子舞、鳥追、猿廻し、節季候**《せきぞろ》などです。

門付芸と神観念

「千町の会」を結成した翌年の正月は、江戸時代に人気があった「鳥追い」を復活し、東京・向島の商店会の協力を得て三囲神社を起点に街を門付して回り、二〇〇一年からは浅草雑芸団（代表・上島敏昭）の協力を得て、今も続いています。

千町の会という名称は、「千町万町の鳥追が参りて候…」という歌詞からとりました。今年（二〇〇九）三月、千町の会の相談役である小沢昭一さんと私の二人で「部落の文化・伝統芸能の夕べ」というシンポジュウムを開きました。

小沢さんは一九六〇年代後半から七〇年代にかけて「道の芸」ともいえる民間の芸能者の聞き取りをし『日本の放浪芸』(18)や同名のCDなどにまとめています。そこには江戸時代からの被差別者による門付芸・祝福芸も収められています。当時絶えかけていた徳島の「阿波デコ箱廻し」、佐渡の「春駒」、山形県の「春田打ち」などです。一九八〇年代になって各地の部落のルポをしながら門付芸の調査・聞き取りをはじめた私も、多くの部落で小沢昭一さんの噂を聞きました。

『日本の放浪芸』では大衆演劇やストリップ、浪花節やバナナの叩き売り、薬売り、あるいはゴゼ歌や神楽など、さまざまな分野の芸能が取りあげられています。門付芸もその一つで、私はそうした取りあげ方に新鮮さを感じていました。

一方、私は私で、各地の部落をルポしながら門付を受ける側としての農村や町の人に「春駒」「大黒舞」などの記憶を尋ね歩きました。「乞食」「ホイト」と思っている人がいるものの、「神さま」と思っている人が案外多いのに気づき、そこにある落差が気になって門付芸の全国的な調査・取材をしました。その結果は『旅芸人のフォークロア(19)』にまとめたので参考にしてください。

小沢さんの視点には事典などにある先入観や偏見がなく、民間のさまざまな芸能と並列してみており、また門付芸・祝福芸が神観念を持っていることも見抜いていました。

小沢昭一的世界

小沢「今日は被差別の話をするんでしょう」
シンポジュウムがはじまってすぐ小沢さんが切りだしました。

川元「そうです。乞食とかホイトといわれた門付芸を、日本の伝統芸能の大切な一つと認識できるようにしたいんです」

小沢「差別されても、なんといわれても、そこに行って芸をやりお金を貰ってくる。そうした芸人魂が私は好きなんですね」

小沢さんは俳優として、実際に演技をする立場で門付芸を見ており、また、差別される逆境の中にありながらも芸を続ける被差別者の姿を、俳優・実技者が見習うべき、と考えています。

俳優として活躍しはじめた若い頃、彼は「芸能とは何か、その原点にたどりつきたい」と思い、いろいろ考え、模索していました。そのようなとき、部落の歴史と日本の芸能史が重なっていると指摘した作家・土方鉄さんの本にめぐりあい、本人にも直接会って、門付芸の魅力と奥深さを知り、芸能の原点が門付芸にあるのを認識するようになった、ということでした。

復活する門付芸

「差別があるから芸が生きるんですよ」、小沢さんはそのようにもいいました。芸人として、また表現者として、そうした芸人魂が源泉となるということです。反骨精神といってもいい。それは普通の生活者にとっても大切な精神でありエネルギーでもあると思います。しかし反面、偏見や差別が多くの門付芸を潰した例もあります。部落差別には一人の覚悟だけでは立ちいかない側面もあり、門付芸をしているため、ましてやそれが「物貰い」のように見られているため、子供や、兄弟親戚、村人までが蔑視され、仕事に就《つ》けないといったことも少なくありません。

そのために村中で門付芸をやめた部落を私は知っています。それでも、門付芸はこの国の伝統芸能の原点だと思います。門付芸をやめたところでも、最近、復活の動きが出てきていますが、小沢さんも、そうした復活の動きを喜んでくれています。そして、こうした復活の過程で私が感じるのは「差別への抗《あらが》い」を基礎にしながらも「門付芸がこの国の芸能の原点」という理解が、自尊心やエネルギーとなり、今も残る偏見や差別を克服する精神的武器となっているという事実です。

鳥追―芸人女太夫の心意気

代表的な門付芸「鳥追い」について話しましょう。門付芸・祝福芸の鳥追は、江戸時代の江戸では非人身分の女性の家業と決まっていました。縞の着物に編み笠（鳥追笠ともいう）、帯をきりりと締め、三味線を抱えて歌う姿は江戸の粋を代表するといわれました。幅広の帯をしっかり締めているため前屈みできない。だから鳥追には投げ銭が禁じられ、ご祝儀は手渡しでした。

正月の門付芸・祝福芸としての鳥追は各地にありましたが、江戸では正月をすぎても鳥追芸人は大道芸人（そのときは「女太夫」と呼ばれた）として芸を続けました。鳥追は神の使いですから芸の上手下手はたいした問題ではありません。しかし、大道芸は娯楽であって芸が上手くないとご祝儀が出ません。だから小正月の後も三味線と唄に磨きをかけ、人情物の小唄や端唄を歌い、芸人女太夫として生きてきたのです。

江戸時代に描かれた「鳥追」
（「温古年中行事」）

そんな生き方が魅力あるとされ、江戸時代末期には歌舞伎に取りあげられて、いろいろな演目に登場します。一八二八年（文政十一）中村座初演の「角兵衛」は、越後の農民で角兵衛獅子の芸人である男と、女太夫の恋物語で、身分制度のために結婚できない女心を次のように歌います。

こんなぶざまな真実は　お前のお気に入りたさの　蟻の思いも天とやら　どうで女房にゃなられぬけれど　せめてやさしいお言葉に　あまえた女ぢゃないかいな…

ここには自立して生きる女の心意気があります。

この鳥追は、実は農村の鳥追行事を原点としています。農村では稲穂を荒らす小鳥を追いはらって豊作を願う行事です。こうした鳥追を日本芸能史という観点から見ていくと、そこには、農村の行事が非農業者、賤業者によって都市に持ち込まれて芸能化し、部落文化の門付芸・祝福芸となり、さらに舞台芸能の歌舞伎へと変化する流れを見ることができます。同じ流れがほかの門付芸・祝福芸にもたくさん見られます。それは「神の祝福から人間の物語・芸能への変化」であるといえ、この変化はヨーロッパ近代思想のはじまりとされるルネッサンスの「神から人への転換」と同じです。ヨーロッパルネッサンスも芸能・演劇からはじまったのです。日本でも同じことが起こっていたのに、差別がそれを見失わせてしまいました。だから門付芸・祝福芸を復活することは、日本の誇りうる伝統芸能を再生することでもあるわけです。

養蚕を歌う〝蚕の神〟―春駒

浅草雑芸団(20)による向島の門付は、上越地方の春駒をもとにして、現代的な表現も取り入れてきました。門付芸の春駒は全国で二十カ所以上伝承され、それぞれ違う表現をもちます。今は農村などに伝承されている例が多いのですが、そのほとんどが江戸時代のキヨメ役から受け継がれたものです。

部落文化としてキヨメ役が演じていた門付芸・祝福芸を、農村がなぜ受け継いだのでしょうか。春駒は本来「蚕の神さん」として村々で歓迎され、ご祝儀が出ました。この場合の「神」とは、蚕が繭を結び絹をもたらす自然の生命力であり、アニミズム的な神観念と私は考えています。このような神観念によって祝福芸と呼ばれ、門付が庶民から歓迎されたのです。農民たちが受け継いだ理由もそこにあります。

ところが、民衆の文化を知らない室町時代などの貴族が、ご祝儀をもらう門付芸をただの「物乞い」と見て、日記などに書いたため、偏見が増幅されました。また、「蚕の神さん」の春駒は馬の頭の木偶を持って踊りますが、これを見た貴族が中国の「白馬《あおうま》の節会《せちえ》」に似ているとして中国由来説を書き、それが文献史料に残り、後の学者がそれを第一級の史料として扱い、定説化されてしまいました。しかし、私が行った全国調査では、春駒は白馬の節会とは関係なく、春駒唄も養蚕の手順を歌ったもので、手順を歌う唄が養蚕農家などに重宝されたのがわかりました。(21)

養蚕の手順や技術は本来農民の文化です。だから被差別者・部落文化による門付芸・祝福芸が、明治維新以降消えていく中で、農民（養蚕地帯）などが「蚕の神」の芸能として受け継いでいたのです。一方、門付芸春駒の歴史は室町時代からあり、洛中洛外絵図などに描かれています。そうしたことからして、農民の文化を都市などに拡げたのが、移動性を持つ中世賤業者であると思われます。また春駒を「蚕の神から人間の物語」として演じる歌舞伎がありますが、そうした質的変化をもたらしたのも、京などで河原者といわれた俳優たちでした。

さらに江戸時代初期には「はるごま」という浄瑠璃が生まれ、養蚕の手順ではなく男女の恋心を歌いました。この浄瑠璃が一七九一年（寛政三）に中村座で歌舞伎として上演される「対面春駒」となって、曽我物の敵討ちの物語などで踊られるようになります。

このような変化の中にも、農村文化→部落文化→都市文化・舞台芸能といった芸能史の重要な流れが見られます。これは、ほかの門付芸、伝統芸能、歌舞伎舞踊、能などにも共通するもので、そうした流れが、日本・和人社会の伝統芸能の基本にあるわけです。「部落の歴史と文化を認める」ということを軸にすえて見れば、より深く、日本の伝統芸能を理解できるはずです。

五　部落の歴史と文化を認める

以上見てきたことをまとめると、「部落の歴史と文化をまるごと認める」意味が、かなり身近に読者にイメージしていただけるのではないでしょうか。それは、**江戸時代のキヨメ役の職業を基にした文明と文化、生活文化や伝統芸能をまるごと認めることであり、差別の基盤になった差異を認めることです。**部落文明とそこから生まれたさまざまな文化を、たとえば農村の稲作文化や漁村の漁労文化、山村の狩猟文化、都市の商業文化、工業文化をごく普通に認識するのと同じように理解し、認めることです。

私はずっと、この社会がなぜ部落差別を残してきたかを考えてきました。日本に生まれ、和人社会の伝統の中で成人した人々が、自由平等を表立っては口にしながらも、なんと多くの迷信に憑りつかれ、ことあるごとに「世間」を持ち出して差別してきたことだろうか、と思わずにいられません。

これからの日本社会にしっかりとした多文化共存、自然との共生の思想を根づかせていくためにも、部落問題を一人ひとりが自分の頭で考え、解決の道をさぐることをそれぞれではじめてほしいと思います。

そうした精神的作業は、部落差別の克服だけでなく、日本の、おもには和人社会の生活にある文化に新しい文化軸を発見することでもあります。そのような軸を、私はここで「民衆の文化軸」と呼ぶことにしたい。それは、異文化との交流を積極的に取り組みながら、民衆を主体にした文化体系・文化軸なのです。

民衆の文化軸—労働の現場から

日本文化は北海道から沖縄までを範囲に、日本人という概念を前提に語られますが、自然をキーワードにして考えると、北海道の大自然と格闘しながら育まれたアイヌ文化、沖縄の温暖な自然を取り込んで育くまれた沖縄文化、そして本州という地域の中で育まれた和人文化として大別できます。

そう考えると、今日おもにいわれる「日本文化」の概念が、アイヌ文化と沖縄文化を含むという前提は、一方的で強引な「同化」政策が強行された歴史を見ていません。日本文化の中にあるこうした負の遺産を清算し、多文化共存の未来を考えるため、私はこれまでの日本文化を「列島文化」と仮称し、アイヌ文化、沖縄文化、和人文化を個性とし、それぞれの違いと共通性を尊重した発想を提案したいと思います。

自然をキーワードにした「列島文化」を措定すれば、さらに周辺国、あるいは私たちがそこで生活する東アジアが当然連続性を持って視野に入ります。列島に続く半島文化、大陸文化です。それぞれコリアン文化、中国文化と呼ばれていますが、日本文化はこれらの国に対しても、植民地主義、侵略戦争をしかけ、文化的「同化」を押しつけた負の近代史を持っており、しかもその傷跡は今も深く残っています。これらは国家的な解決の課題ですが、国家に責任を負わせるだけではなく、私たち個人個人のレベルで歴史を反省し、国家とは別の新しい価値機軸として、自然をキーワードにした民衆文化の基軸を構築できるのではないか、そんなことを模索しています。

「どじょうすくい」の思想

和人社会の民衆文化軸に話を戻します。今日それは多種多様な文化の中から取捨選択できます。ここではまず、歴史の中で自然に直接触れ、そこで食料を獲得し、生産してきた人々、そこで働く者がつくった文化を考えてみたいと思います。

自然の破壊的部分にはキヨメ役が対応して「部落文化」を築きました。ここでは自然の生産的な部分「幸」「富」と呼ばれた部分に対応してつくった文化の一つの例を見ることにしましょう。この両者、破壊的部分と生産的な部分の文化が統合されてはじめて、エコシステムに対応した人間の側の文明システムが構築できます。

私たちの社会には、自然を前にして食料獲得（生産・採取・狩猟）する自分たちの姿を表現した文化、歌や踊り、絵がたくさんあります。

自然を対象に生まれた文化といえば、アイヌ文化のアニミズムがすぐ思い出されます。鶴を神格化して優美な姿を舞う「鶴の舞」、強い風に耐えて成長する松の木を模擬的に演じる「松の木」。沖縄でも穀物の種を神格化し、種を蒔く労働を模擬的に表現する「マミードー」、鍛冶屋の仕事を模擬的表現として演じる「鍛冶」などがあります。和人の中にも同じ発想・思想によって表現されるものがたくさんあります。

わかりやすいのはよく知られている「どじょうすくい」という踊りです。これを一つの典型として見ておきましょう。

♪　親父　どこ行く　腰に籠つけて
　　裏の小川へ　どじょう捕りに

本場安来の「どじょうすくい」。

安来節の名調子にのって、川に棲むどじょうをざるですくう物真似・模擬的表現を座敷や舞台で滑稽に演じます。誰が踊っても同じに見えるので、一定の型を持つ踊りとばかり思い込んでいた私は、本場の島根県安来に行ったとき、型をどのように伝えるか尋ねました。すると意外な答えが返ってきました。「型はない。川に棲むどじょうの性格を頭に入れ、それをすくうとき、どのようにすればよいか考えながら踊ればよい」というのです。

これを聞いて目が覚めました。この話は、踊りを構成し成り立たせるのは、型ではなく、自然の法則であり、それを受けた思想だということを見事にいいあてています。食料獲得のために自然と対峙し、自然の法則を頭に入れながら考え、成り立っている芸能であり文化なのです。

水稲稲作文化が主流だった和人社会では、田で働く姿を模擬的に演じる歌や身体表現がたくさんあります。その代表は「田遊《たあそび》」。豊かな稲の実りを予祝（未来の吉事豊作をあらかじめ前もって祝うこと）する神事芸能で、基本は「田打・代掻・種蒔・田植・鳥追・刈上というふうに、稲作の過程を順に演じる」ものです。(22)

つまり、田の中で約半年間行われる稲作の労働を、それがはじまる前の新年や春先に村の広場などで予祝しておくわけです。二日間くらい徹夜で演じるところが多かったといわれます。新井恒易の『農と田遊の研究』(23)によれば、戦前まで全国三二八カ所で演じられていたといいます。現代は横浜市鶴見や寒川市、東京都板橋など数十カ所に残っています。また、「田打」「田植」「鳥追」などを部分的に取り出して模擬的に演じるものもたくさんあり、田遊を「御田」「御田植祭」「春田打」など異なった名前で伝承する所もあります。

国家とアニミズム

これら田遊が神事芸能といわれることから、これまで多くは天皇祭祀や神道の体系として括られてきました。しかし田遊を成り立たせる思想は、田の労働を「もどく」、すなわち模擬表現することで表わす、働くものの思想なのです。そしてまた、田＝土の生命力を囃して豊かな実りを願うものでした。これらは、国家や天皇とは関係なく、自然から食料としての稲・米を採取・生産するため、自然の生命力や法則を人々が「神」とよんだアニミズムからはじまっているものです。「神」とは、人間の計り知れない自然の神秘への畏敬から生まれたものです。天皇をはじめとする人格化したシャーマニズムはアニミズムを原点とするものと考えられていますが、宗教的な形態が異なります。シャーマニズムの場合は、シャーマンが媒介して神観念が現われるのに対して、アニミズムは自然と人間が直接向き合うものです。

和人社会の中で自然との関係を考え、その関係から生まれた文化を抽出しようとするとき、国家・天皇制とアニミズムの区別が必要になりますが、この区別がこれまであいまいにされてきたため、すべてが天皇制文化の体系であるかのように思えたのではないでしょうか。

和人社会には古くからさまざまな神観念がありました。アニミズムやシャーマニズム、それらを大きな物語としてまとめた天皇制やその神話。あるいは神道と仏教が習合した修験系など。これらが多くの場合、法則や思想の区別がないまま神道、または天皇制信仰として括られてきました。国家の側が支配の道具としてあえてそのように取り込んだ側面もあります。そうした意味で、この国では文化の国家支配が強かったといえるでしょう。

先に私は、和人社会の生活文化に、新しい文化軸を据えたいと書きました。そのキーワードは自然と人間を分離しないアニミズムです。まず自然を対象に働く者がつくった神観念・アニミズムをほかの神観念と区別し、これを基盤に「自然と人間の共生」＝「共生文化」を築き、民衆の文化軸に据えたいということです。

自然の「幸」「富」に直接対応した農・山・漁村の文化、そしてそれらを交流させた都市文化はよく知られています。それらとともに、ケガレのキヨメから発生した部落文明と、文化の歴史と意義をあらためてとらえなおすこと。キヨメという精神的・社会的機能を再評価することによって、自然と人間が共生してきた文化の全体像とその体系が新たに見出されるはずです。

部落文明の意味を考えることは、人間が何を考えて生きてきたのかを歴史を通して知ることであり、見失われた、人と自然、人と人との関係性を回復する作業でもあると、私は確信しています。各地域で今後、この文化の解明が進むことを願ってやみません。

註1　『日本書紀　下　全現代語訳』宇治谷孟訳、講談社、一九八八年
註2　『徳川綱吉』塚本学、吉川弘文館、一九九八年

註3　『日本畜産史』加茂儀一、法政大学出版局、一九七六年
註4　『彦根市史』中冊、臨川書店、一九八七年
註5　『角川新字源』小川環樹他編、角川書店、一九九五年
註6　「月番日記」新発田市立図書館所蔵
註7　『にいがた　しらぎく』十九号、一九九一年。白菊会は人体解剖を本人が生前に了解する現代の献体制度にもとづく全国的な民間団体
註8　『米沢藩医史私撰』北条元一著、米沢市医師会、一九九二年
註9　『資料で見る近代日本医学のあけぼの』日本医史学会編、便利堂、一九五九年
註10　『図録　蘭学事始』杉本つとむ編、早稲田大学出版部、一九八五年
註11　『部落史に学ぶ2』外川正明、解放出版社、二〇〇六年
註12　註10『図録　蘭学事始』
註13　『日本の警察』警察制度・機構調査会編、地方自治研究会、一九九四年
註14　一八六七年、長崎における四回目のキリシタン大弾圧
註15　『論集　長崎の部落史』長崎県部落史研究会、一九九二年
註16　『関東大震災と朝鮮人虐殺』山岸秀、早稲田出版、二〇〇二年
註17　『人権のまちづくりをめざして―世良田村事件と私たちの課題』尾島町教育委員会、二〇〇四年
註18　『日本の放浪芸』小沢昭一、白水社、二〇〇四年

註19『旅芸人のフォークロア』川元祥一、農文協、一九九八年
註20 浅草雑芸団の上島敏昭さんは、良き歴史や良き伝統が風化する東京で、門付芸もまた、多くの人に理解されているわけではない現状を書く。「季節感の喪失、イエや共同体の崩壊は世界の趨勢で、グローバリズムとはそういうことだと思う。しかし、それが人間にとって本当によいことなのか。そうした風潮を疑問に思い、憂い、嘆いている人は結して少なくない。こう考える人たちがもっと増え、それらを取り戻そうという動きが出てくれば、そういう勢力にとって祝福芸は強力な武器になるのではないか」『まつり』〇八年WINTER70号、まつり同好会
註21 註19『旅芸人のフォークロア』
註22『日本風俗史事典』日本風俗史学会編、弘文堂、一九九四年
註23『農と田遊の研究』新井恒易、明治書院、一九八一年

おわりにかえて

陰の文化から表の文化へ――部落を名乗る意味

私は部落で生まれたことを隠したことがない。本当に差別があるのかどうか、自分で確かめたいと思ったからだ。高校生時代に友人が夏休みに私の家に遊びに行くといった。当然「いいよ」と応えたが、その後〈家に来て部落民なのがわかったらどうしようか〉と心配した。部落問題ではじめて持った心配だった。

それまで、村の中で村人が周囲から差別された話はけっこう聞いていた。その話を聞いただけでも、差別はろくでもないものだと思い、屈辱感があった。しかし私がはじめて部落民なのを自覚し、〈差別されるかもしれない〉と心配したのはそのときだ。相手が親しい友人だったからだと思う。親しいだけに差別されたら屈辱感は倍増しそうだ。そしてそのことで親しい友人を失うのも辛い。

この心配はかなり深刻だった。何日も考えた。もし差別されたとき、私はどう対応したらよいのかわからない。「差別はいけないよ」というべきか。しかし、それはあまりにも当然すぎて、そんな当然すぎることを親しい友人にいうこと自体が屈辱に感じられた。その程度で二人の友情があるのではない、そんな気がする。いや、その程度に思いたくない。そんな気持ちだったかも知れない。

また、まったく逆に、その友人がもし、私を差別するとしたら「それはいけないよ」といったくらいでやめるとも思えない。部落差別はそんなにかんたんではないように思えた。その感触は、それまでの生活の中で、家族や村人が差別にあった話を聞いており、その複雑さや奥深さ、執拗さを感じていたからだと思う。

どうすればいいのだろうか。そんなことを考える私の気持ちは〈底なし沼に落ちる〉感じだった。這いあがる手がかりがないまま、地獄のようなところへ落ち込んでいく、そんな感じだった。

そうしたとき、ふと思ったのが〈このことでなぜオレが悩まなくてはならないのだ〉ということだ。差別するかどうかは向こうの問題なのだ。部落民と出会って差別するかどうか、向こうが悩めばいい。私が決める問題ではない。〈オレは普段どうりしておればいい〉そのように思った。

このように思って私は落ち着いた。そして、果たしてその友人が差別するかどうか、自分のありのままの姿を見せておこう、と決意した。

夏休み前になって、私は彼に「わしんとこは部落ゆうとこで」といった。すると彼が「それがどしたん?」と返した。知っているのだろうか、と思ったが、私はそれ以上何もいわなかった。彼もいわなかった。彼とは今も親友だ。

その後私は東京にきて、働きながら大学に行った。アルバイトとしてさまざまな職場を経験した。職場を変わるたびに私は部落民であることを話してみた。カミングアウトとか出身者宣言といったようなかたちは嫌だった。そんなことをする必要はない。ただありのまま、人が故郷を話すように話せばいい。人が故郷を話すとき、自分のそれがいえないのはおかしいのだ。だから私は自然なかたちで故郷を話し、ついでにそこが部落とか、部落民といわれるのを話した。いや、そのように話したかった。

実は、それを話すのは想像以上に辛くて戸惑うものだった。その心理を細かく書くのは別のかたち・小説などにするしかないように思われるが、辛くて戸惑う原因は、それをいって相手がどう反応するかわからないからだ。想像がつかない。部落問題はそれほどに定説・定律のない問題といえるだろう。

　部落民であることをいったら差別されるのか、されないのか、それがわからない。もし差別があったらどうすればいいのか。修羅場が想像できるが、そんなことになりたくはない。とはいえ、黙って引き下がると、這いあがる手がかりのない地獄に落ちそうだ。地獄は悪いことをした者が落ちると聞いた覚えがある。オレは何も悪いことをしていない。なぜオレが落ちなくてはならないのか。

　そんなときの私は意固地だった。〈なぜいえないんだ。辛いのはなぜなんだ〉〈いいもせずに差別があると思うな。いってみろ〉と。

　そして私はいった。辛くて迷いながらも、新しい人に出会ったときや、新しい職場で、いわずにすましたところはなかったように思う。もしいわなかったら、それは私の記憶に悔恨として深く刻まれただろう。

　そうした経験のうえで一定の結果をいうなら、差別はある。といっても、それをいった直後とか、それを理由に直接私に何かが起こるということはなかった。そんな直接的なことは一度もなかった。差別は私のいないところで、たとえば、会社の中で私のいない場所や時間に私の人格を貶めるような陰口。部落民であることを理由にした仕事の評価など。

私のいないところで起こるそうしたことを知らせてくれる友人もいた。「部落の話はしない方がいいよ。あんたの得にはなってないから」というように。そうした友人が私の救いだった。

結婚するときも相手の親に話した。そのときも直接差別はなかった。しかし後でわかったことであるが、つれあった女性には親戚の中から執拗な反対が続いたという。私の目の届かないところでの結婚差別なのだ。

こうしたこと、何よりもその陰湿で卑劣な姿と言動、そうしたことが、私が働いている会社や、生きている世間、つまり社会一般から発生してくる。なぜだろうか？　彼らは、何を考えているのか。彼らはどんな思考・価値観を持っているのか。私に対する結婚差別にしても、彼らはそれをどのような言葉で考え、親戚の中で連絡をし合い、語り合うのだろうか。そのとき彼らは、それを考え語る自分や親戚をどのようなイメージとして持つのだろうか。そんなことを考える。しかしそれもまた、泥沼のようなイメージだ。

そんなとき私は発想を転換する。そんなことに、自分のたいしたことはない頭を使うよりも、その差別がどのようにしたらなくなるのか、そんなことを考えた方がよい。そして、その答えを求めるのが、いつのまにかライフワークのようになった。

そうした過程で、一つの強い印象が残っている。差別されることの悔しさや、差別のために蒙るさまざまな私の損失よりも、何よりも、部落差別をする者の、隠れたところでの、コソコソした、哀れに見える姿。彼らはそんな自分の姿に何も感じないのだろうか。感じないとしたら、その精神はどんなものなのか。主体的価値観を持っていないのだろうか。持っていても維持する意志がなく、周りの意見に引きずられるのだろうか。それは自分の娘や息子の愛を守ってやれない姿ではないか。そんな人間の姿こそもっとも深刻な問題ではないか。

「魂とは愛する意志」といったのはアンドレイ・ジッドだ。そうした言葉からして、日本人、中でも和人の多くが魂を失っている姿が浮かびあがる。本書でも取りあげているが一九九三年の政府意識調査によると、一般の親が自分の子が部落民と結婚するといったとき、半分以上が反対、もしくは消極的なのである。

ここにある姿は、現代的に「精神の漂流」とか「精神の空白」といわれる社会現象に深いところで関連しているのではないか。そんなことが感じられてならない。

そうした性質を持つ部落差別を、どうしたらなくせるのか、いろいろ試行錯誤し、いろいろな文章を書いてきた。そうした経験も含めて最近は部落問題の、一定の答えがわかってきたような気がする。この時点では、その手がかりといった方がよいかも知れないが、その手がかりの全体像をここで、率直に示したいと思って書いたが、成功していると思われるかどうか——。

これまでこの問題を解決しようとする政治や運動はたくさんあった。とはいえ、それはほとんど民間団体や行政を軸にした集団的なものだった。解放運動や融和運動、あるいは人権啓発などがその典型だ。これらの中で個人的な発想や動きがあったとしても、その発想の基本は、ほとんどこれら運動体を軸にしたものだった。

そうした運動体の中で現代も一定の影響力を持っている民間団体は部落解放同盟と思われる。自民党と連携している保守系の同和団体として自由同和会がある。全解連（二〇〇四年に全国地域人権運動総連合に改組織）という共産党系の団体もあるが、これは政治的発想が強すぎると思う。たとえば、「差別はなくなりつつある」とし「解放された地域もある」というのであるが、その地域がどこなのか、どのようなプロセスで差別がなくなったのか、何も発表されていない。これはいかにも不誠実であり、本格的な議論の対象にならないし、実践、実生活の改善にもつながらないだろう。

解放同盟は差別への抗議・糾弾を軸にしながら幅広い共闘関係を結び、差別撤廃、人権被害者救済の法律を制定する運動を展開している。これらの法制度はあった方がよいと思う。

しかし、そうした法律の前に、あるいは法律があってもなくても、一人ひとりの精神的活動の中で、何が肯定され何が否定されるべきか、平凡な生活の中で生きる価値観が語られ、あるいは議論される必要があると思う。そうした共通の価値観や認識、あるいは議論の習慣やシステムがないところでの法的規制は、いくら立派な言葉があっても、倫理や道徳のように受け取られたり、スローガンのようになる可能性を持っている。

私は一人ひとりの精神的活動の内容を、差別を支える発想ではなく、差別を克服する方向へ、より豊かに、より具体的に一人ひとりが自分の認識で、自分のイマジネーションとして展開できるものを考えてきた。そのためさまざまな人と協力関係を持つ場合があるものの、組織には頼らずに、私もまた一人の人間として、一人の部落民として、思考し表現し、フィールドワークを続け、一人でできるギリギリのところまで追求したいと思っている。本書は、そうした立脚地からのメッセージである。

なお、本書の出版にあたって、にんげん出版の小林健治社長に大変お世話になった。殊に、氏の広い知識と熱意によって細部に手が届き、より充実したものになったのを深く感謝する。

参考文献（本文各章末に記したもののほか、左記の文献を参照させていただいた）

カール・マルクス、大内兵衛・細川嘉六監訳『資本論』第一分冊「マルクス・エンゲルス全集」二十三巻、大月書店、一九六五年
F・テーケイ著、羽仁協子訳『アジア的生産様式』未来社、一九八一年
内閣記録局編『法規分類大全　第一巻』原書房、一九七八年
辻善之助編『鹿苑日録』続群書類従完成会、一九六一年
高柳金芳『乞胸と江戸の大道芸』柏書房、一九八一年
村上直編『日本近世史研究事典』東京堂出版、一九八九年
フェルナン・ブローデル著、松本雅弘訳『文明の文法』みすず書房、一九九五年
杉田玄白著、緒方富雄校注『蘭学事始』岩波書店、一九八二年
『山古志村史』民俗、一九八三年
佐渡郡教育会編『佐渡年代記』中巻、臨川書店、一九七四年
兵庫県部落史研究委員会『兵庫県同和教育関係資料集　第二巻』一九七三年
相川町史編纂委員会編『佐渡相川の歴史　資料集一〇』、一九八四年

ジェムス・フレイザー著、永橋卓介訳『金枝篇一』岩波文庫、一九五一年
森谷尅久『京医師の歴史』講談現代新書、一九七八年
羽仁五郎『明治維新史研究』岩波文庫、一九七八年
小沢昭一、土方鉄『芸能入門・考　芸に生きる』明石書店、一九八一年

※本書は一九九八年より二〇〇八年まで、立教大学全学カリキュラムの中で「日本文化の周縁」という科目を立ちあげ、テーマを「部落学」として行った講演録をまとめ、新しい考察を加えたものである。

著者紹介／**川元祥一**（かわもと　よしかず）
1940年兵庫県生まれ。岡山県津山市で育つ。作家。主著に『旅芸人のフォークロア』（農山漁村文化協会）、『部落問題とは何か』、『被差別部落の構造と形成』（共に三一書房）、『日本文化の変革』、『部落差別を克服する思想』（共に解放出版社）他

モナド新書 002

部落差別の謎を解く
――キヨメとケガレ

2009年9月25日　初版第一刷発行
2017年9月25日　初版第三刷発行

著　者　川元祥一
発　行　株式会社にんげん出版
〒101-0051
東京都千代田区神田神保町2-12　綿徳ビル201
Tel 03-3222-2655　Fax 03-3222-2078
http://ningenshuppan.com/

装丁・本文組版　板谷成雄
印刷・製本　萩原印刷㈱

ISBN 978-4-931344-26-6　C0221